心一堂彭措佛緣叢書・劉兆麒大圓滿譯著文集

# 隆欽大圓滿心髓集要

作者：傑美林巴

翻譯：劉兆麒　何天慧

書名：**隆欽大圓滿心髓集要**

系列： 心一堂彭措佛緣叢書・劉兆麒大圓滿譯著文集

作者： 敦珠法王

翻譯： 劉兆麒

責任編輯：陳劍聰

出版： **心一堂有限公司**

地址/門市： 香港九龍尖沙咀東麼地道六十三號好時中心LG六十一室

電話號碼： (852)2781-3722 (852) 6715-0840

傳真號碼： (852)2214-8777

網址：www.sunyata.cc

電郵： sunyatabook@gmail.com

心一堂 彭措佛緣叢書論壇： http://bbs.sunyata.cc

心一堂 彭措佛緣閣： http://buddhism.sunyata.cc

網上書店： http://book.sunyata.cc

香港及海外發行： 利源書報社

地址：香港新界大埔汀麗路36號中華商務印刷大廈地下

電話號碼： (852)2381-8251

傳真號碼： (852)2397-1519

台灣發行：秀威資訊科技股份有限公司

地址：台灣台北市內湖區瑞光路七十六巷六十五號一樓

電話號碼： (886)2796-3638

傳真號碼： (886)2796-1377

網絡書店：www.govbooks.com.tw

經銷：易可數位行銷股份有限公司

地址： 新北市新店區中正路542之3號4樓

電話號碼： (886)82191500

傳真號碼： (886)82193383

網址：http://ecorebooks.pixnet.net/blog

中國大陸發行．零售：心一堂．彭措佛緣閣

深圳流通處：中國深圳羅湖立新路六號東門博雅負一層零零八號

電話號碼： (86)0755-82224934

北京地通流處：中國北京東城區雍和宮大街四十號

心一堂官方淘寶流通處： http://shop35178535.taobao.com/

版次： 二零一二年五月初版，平裝

|  | 港幣 | 一百一十八元正 |
|---|---|---|
| 定價： | 人民幣 | 九十八元正 |
|  | 新台幣 | 伍佰伍十元正 |

國際書號 ISBN 978-988-8058-76-1

# 前　言

　　藏傳佛教大圓滿教法，源遠流長，蓮師把是法傳到西藏以後，由其傳承弟子傑美林巴等諸祖師根據蓮師教法，江集成經典，以方便行者修習。本書譯文《隆欽大圓滿心髓集要》是由傑美林巴祖師傳承的經典著作，其內容為上師、本尊、空行（即三根本）。它是大圓滿九乘次第中的生起次第（即麻哈瑜伽）分支，行者修滿不共加行十萬遍後才可修此次第，因此，十分重要。上師是加持的根本，本尊是成就的根本，空行是行法的根本，這是三根本的修持要訣。唯願有情眾生，精進修持，早日圓滿！

　　本經典譯文，部分是由西北民族大學副研究員何天慧先生翻譯的，其他部分，由我譯竟。以殊勝因緣，於1998年由新加坡佛子龍田戎、潘振強二居士發心出資10000新元，由柯華印務出版公司承印第一版，分贈東南亞及台、港諸友，以示宏揚。十年以後，竟成絕版，這次應廣大密乘愛好者的要求，由香港心一堂出第二版，唯願更多的有情眾生瞭解和修持殊勝的大圓滿教法，任運成就！

　　本經典藏文版依據四川松潘藏文印刷廠印刷出版的原文譯竟，在此一併說明，不妥之處，希譯界同人批評指正。

譯者謹識　2008年3月

# 目　录

## 國內藏密界學者談藏密

# 大圓滿隆欽心髓前行
# 念誦遍智妙道儀軌

無始現前覺悟應機調伏色身無障礙，
雖示種種變化蘊處遠離能執與所執，
示現凡人形體智悲光芒遍照釋迦佛，
不止今生來世永遠皈依於您祈加持！

修此大圓滿隆欽心髓前行念誦略要，需先作語加持：

唵阿吽！觀想從舌根讓（ཿ）字生火燃燒，紅光成三股空管金剛杵狀，環繞阿（ཨ）哩迦哩，串連成鬘。從彼字鬘放射光明，供養諸佛菩薩，使生歡喜，光明復收，淨自不淨語障，令得一切語金剛加持悉地。念誦：啊阿，哦哦，喔喔，熱熱，哩哩，唉唉，噢噢，昂啊（七遍），迦喀嘎丞俄，雜擦咱咋矗，札叉乍乍那，達塔達答那，巴帕哇瓦麻，雅惹拉瓦，夏喀薩哈恰（七遍）。耶達麻，嘿都札巴瓦，嘿登德喀，那達塔嘎多，哈雅哇達，德堪加約尼，繞達唉汪巴底，麻哈喜麻那娑哈。念七遍，以為加持。

**一、祈禱摧發具德上師心識，猛厲而呼「喇嘛欽（上師垂知）」！三次。**

心中信仰花蕊開，依怙恩師請起身，

業力煩惱猛折磨，福命淺薄為救我，
請住頂首大樂輪，憶知念念祈現起！
現時地獄餓鬼與旁生，長壽諸天野人邪見者，
佛未涉足國土聾啞人，擺脫八種無暇得有暇，
做人五官齊全生中土，離諸業障虔信佛正法，
自具五種圓滿佛降臨，佛法住世說法入彼土，
五他圓滿善知識攝受，凡此善緣具足位雖得，
諸緣無有定規壽命終，勢必走向另一世間去，
上師明鑒將心轉向法，莫使踏上謬誤邪賤道！
與佛無二恩師請垂顧！
今生不做不空有暇人，來世修持解脫無所依，
善趣人身福德若終結，死後必定流轉惡趣道，
不知善惡耳不聞法音，善知識不拜謁罪惡重，
想諸有情無數種類多，能得人身世上為少有，
看諸眾生造孽為普遍，依法行善更如早晨星，
上師明鑒將心轉向法，莫使踏上謬誤邪賤道！
與佛無二恩師請垂顧！
人身珍寶之洲已到達，仍於善妙身藏大禍心，
依它修持解脫不可能。若為魔持五毒障驅擾，
趣入惡業且又懶懈怠，為奴作僕救苦似法行，
癡等頓生暫緣八無暇，成我修持佛法仇敵時，
上師明鑒將心轉向法，莫使踏上謬誤邪賤道，
與佛無二恩師請垂顧！
出離心弱缺乏信仰財，貪愛繩縛威儀亦粗魯，

不避不善造作無間業，毀犯律儀破壞三昧耶，
偏執之心滋生八無暇，凡此成為修法仇敵時，
上師明鑒將心轉向法，莫使踏上謬誤邪賤道，
與佛無二恩師請垂顧！

現時未被疾病苦折磨，非為奴婢受制於他人，
身得自在機緣已成熟，仍於懈怠之中失暇滿，
但願眷屬親朋與享受，及此百般愛惜所執身，
一旦離開臥榻送荒郊，為彼鷹犬野狐扯食時，
於中陰道經受大怖畏，上師明鑒將心轉向法，
沒使踏上謬誤邪賤道，與佛無二上師請垂顧！

善惡宿業果報隨後跟，特別若到地獄世間時，
熱鐵遍地酷刑分身首，鐵錘輪番錘打鋸子鋸，
無門鐵屋囚禁號叫淒，熾熱串戈穿身鐵水煮，
周遍烈焰熾熱八熱獄，厚雪山嶺綿延接冰河，
深谷淒涼境地風雪急，寒凍風霜折磨青春體，
再生水泡泡疹並皰裂，呻吟慘叫悲號聲不絕，
由所受苦重重難堪忍，神耗猶如臨終之病人，
長吁短歎齒顫皮肉裂，新肉長出再破八寒獄，
復次利刃道上踩雙足，刀劍為林內體剁成泥，
爛屍泥潭熱灰無極河，此是近邊變異兩地獄。
門板鐵柱爐灶繩索等，獄卒常用是為獨一獄。
十八地獄因從何處去，怨瞋念頭猛勵生起時，
上師明鑒將心轉向法，莫使踏上謬誤邪賤道，
與佛無二恩師請垂顧！

3

如是淪落貧荒無喜處，飲食受用連名也無聞，
終年不覓飲食餓鬼身，枯瘦衰弱無力有三種，
因何如是而生乃慳吝，相互吞噬殺戮多恐怖，
奴役驅使可憐昧取捨，為無邊苦逼迫之種子，
漂流愚昧黑暗境域時，上師鑒知將心轉向法，
莫使踏上謬誤邪賤道，與佛無二恩師請垂顧！
雖處法道不禁罪惡行，入大乘門背棄利他心，
受四灌頂不修二次第，從此謬道求上師救渡，
正見未悟盲目作修持，正修散亂妄誇所悟境，
正行錯謬不思自身過，此類教痞求上師救渡，
壽命將終還貪衣食財，年歲已高仍不思出離，
聽聞寡少尚誇有功德，於無明中求上師救渡，
惡緣臨頭心系熱鬧處，身住靜地自性比木僵，
雖云馴服貪瞋執著有，從世八法求上師救渡，
從昏睡中火速救出離！
如是盡力呼喚，摧發慈悲。

## 二、皈依

三寶真實善逝三根本，氣脈明點自性菩提心，
本源自性慈悲壇城裡，乃至菩提道場我皈依！

## 三、發心

火種種現見虛妄水月境，輪回連林漂泊苦眾生，
自覺光明法界休息故，今於四無量中我發心！

# 四、金剛薩埵修誦

阿　於自平庸頭頂上，白蓮月輪座壇中，
　　吽現上師金剛心，日明圓滿受用身，
　　手持鈴杵抱佛母，皈依於您淨罪障，
　　悔心猛勵髮露懺，日後即使命危難，
　　亦定信守不違犯，於尊圓滿心月上，
　　　吽字周圍咒鬘繞，念誦咒文摧心故，
　　佛母樂受和合間，甘露菩提心法雲，
　　如冰片沫而降落，我跟三界有情眾，
　　業及煩惱苦毒因，病魔罪障與過犯，
　　清淨無餘請成辦！

接誦「唵貝雜薩埵」等百字明若干遍，遂復啟
白怙主！　因我無知愚昧故，致多違犯三昧耶，
上師怙主請救護！主尊部主金剛持，
是大慈悲大聖哲，我今皈依眾生尊！
髮露懺悔由身、語、意所犯一切根本支分三昧耶過失，
一切罪障過犯諸垢，請皆消除乾淨！如是祈禱，上師金剛
薩埵心生歡喜，和顏而笑曰:「善男子，汝之一切罪障過犯
悉皆清淨。」如是說畢，賜與加持，化作光明，融入我（修
者）身。由是因緣，自身也變成金剛薩埵唵字，樂空雙運，
如鏡中所現影像，於心命吽字四周明亮四字中放射光明，
三界情器世間悉成金剛薩埵唵字，在五部如來之所依能依

自性中成佛。如是觀想，並盡力念誦：「唵，貝雜薩埵 吽」
後入定。

## 五、供曼札

唵，阿吽！
三千世界千百萬剎土，天人財富七寶滿堆積，
我身受用悉皆作供養，願得能轉法輪好機緣！
兜率大樂密嚴剎土上，五具決定五部佛集住，
獻上無量妙欲供養雲，但願住於報身佛剎土！
情器清淨童子寶瓶身，大悲不滅法性為莊嚴，
獻上報身明點清淨剎，但願住於法身佛剎土！

## 六、積集捨身資糧

呸　身體合棄執愛摧天魔，心出頂門趨達到法界，
　　摧伏死魔變成忿怒母，右手執摧煩惱魔月刀，
　　摧斬五蘊之魔切顱蓋，左手以作業狀托顱鉢，
　　置於三身人頭鍋樁上，內裝遍滿大千人屍肉，
　　用短杭二字種化甘露，以三字力淨化使增多。
　　接誦唵阿吽無數次。

呸　上供地方賓客滿心願，資糧圓得共不共悉地，
　　下施輪回客喜償夙債，特別作損厲鬼皆滿意，
　　病魔障難自然息法界，逆緣我執普皆粉碎已，
　　最後所供供境不缺一，自性住大圓滿無生阿。

隆欽大圓滿心髓集要

## 七、上師瑜伽

唉麻火！

自現任運本淨無量宮，莊嚴圓滿銅色吉祥山，
於中自成金剛瑜伽母，一面二臂紅明持顱刀，
雙足屈伸三目觀虛空，頭頂千層蓮瓣日月上，
總皈依處根本勝上師，無別海生金剛變化身，
膚色紅白具足童子顏，身穿密袍法衣與披風，
一面二臂國王遊戲坐，右手執杵左手托顱瓶，
頭戴具足五瓣蓮花冠，左腋挾持空樂殊勝母，
三尖天杖暗持於肘腕，安坐虹霓明點光明間，
外繞五色光網美莊嚴，中有化身王臣二十五，
印藏大德持明與本尊，空行護法具誓如雲布，
明空大定法爾極明顯。

舍　鄔金聖地西北隅，微妙蓮莖花胚上，
　　獲得殊勝妙悉地，聖名號曰蓮花生，
　　眾多空行繞身旁，我今隨尊而修持，
　　為賜加持請降臨！格惹貝瑪斯底吽！

舍　我身於剎化微塵，千百身形頭頂禮，
　　實設意變以定力，獻作供養萬有印。
　　三門所積不善業，光明法身中懺悔。
　　真俗二諦所攝持，諸善資糧皆隨喜。
　　憶想所化機根識，請轉三乘妙法輪！
　　乃至輪迴未空寂，祈請永不般涅槃！

三時所積諸善根，迴向成為菩提因。
至尊蓮花大師寶，你是一切諸佛陀，
大悲加持所積聚，眾有情之唯一怙，
身及受用肺心胸，無餘觀待供獻您！
從今乃至證菩提，苦樂善惡榮辱等，
至尊蓮師請垂知！於今濁世眾有情，
沉溺苦難泥潭中，請拔救吧摩訶師！
賜四灌頂加持師，賜證果吧慈悲師！
淨二障吧持咒師！何時命終捨壽時，
自現妙拂吉祥山，雙運化身淨土上，
身成金剛瑜伽母，化作明亮光一團，
融入至尊蓮花生，大無別中證佛果。
大樂空性所幻化，廣大智慧示現中，
作一殊勝大商主，三界有情渡無餘，
尊者蓮師請恩許，我以誠心作祈請，
並非憑口說空言，請自內心賜加持，
使我心意得成辦！
唵阿吽，貝雜格惹貝瑪斯底吽！

## 八、祈請傳承

唉麻火！
遠離偏執平等剎土上，原始佛陀法身大普賢，
報身水月遊戲金剛心，化身相遍極喜金剛前，
祈請加持賜授予灌頂！室利僧哈勝義妙法藏，

堅白希寧大轉九乘輪，　嘉那蘇札貝欽比瑪拉，
祈請垂教顯示解脫道！　瞻部唯一莊嚴蓮花生，
心傳殊勝弟子王臣伴，　精通伏藏經海隆欽巴，
語令空行部眾久美嶺，　祈請賜與果證令解脫！
密法之主絳曲多吉師，　得道大師久美佛陀芽，
殊身化身明居南喀參，　眾位利他無量佛子前，
祈請顯示教理真面目！　勝樂金剛益希多傑師，
鄔金無畏曲吉旺波師，　修法自在貝瑪巴乍瓦，
祈請賜我共不共悉地！　以三有從出離大厭心，
如目依於金剛義利師，　心印密意加持願降臨！
情器世出世間密嚴剎，　神咒法身清淨圓熟果，
不劣斷證取捨大圓滿，　超越正念思量所覺音，
法性裸露現前願得見！　性相分別解脫虹光管，
身及明點證境益增長，　覺心純熟進至報身剎，
法盡離想境界證成佛，　願得永固童子寶瓶身！
勤修至深瑜伽不精通，　粗身也未證入空明界，
若適壽命終結臨死時，　死亡顯現本淨光法身，
中陰顯現圓滿受用身，　徹卻脫噶道用圓滿後，
猶如兒投母懷願解脫！　優越要數勝密光明乘，
成佛別處不求法身面，　未於原始初地得現證，
可依無修五佛殊勝道，　於自性變五佛之剎土。
特別蓮花光明宮殿中，　持明大海主尊鄔金王，
勝密法宴聚會創立地，　親為上首弟子往生已，
願成利樂無邊眾生者，　持明佛陀海眾所加持，

大圓滿隆欽心髓前行
念誦遍智妙道儀軌

法界不可思議真諦力，暇滿人身圓熟淨三具，

緣起現前願證成佛果！

如是心口不二，從內心祈請。

## 九、取四灌頂

從上師眉間水晶般唵（ༀ）字放白色光明，融入自己頂門，淨除身業與脈二障，得身金剛加持，獲寶瓶灌頂，成為生起次第根器，生異熟持明種子，心具得證化身果位。從上師喉際紅蓮花般阿（ཨ）字放紅色光明，融入自己喉間，淨除語業與氣二障，得語金剛加持，獲秘密灌頂，成為念誦根器，生壽自在持明種子，心具圓滿報身果位。從上師心間虛空般吽（ཧཱུྃ）心金剛加持，獲智慧灌頂，成為樂空旃陀離（猛厲火）根器，生手印持明種子，心具法身果位，復從上師心間（ཧཱུྃ）字中，流星般射出第二個（ཧཱུྃ）字，進入自己心間，與我無二和合淨化阿賴耶業與所知二障，得智慧金剛加持，獲語示勝義灌頂，成為本淨大圓滿根器，生任運持明種子。心具究竟界位法身。

如是念修雙運，受道次第灌頂後，復從上師心間，頓然射出一道紅暖光明，融於自性金剛瑜伽母心中，立即變作紅色光團，入大寶上師心間，溶為一體，無二無別。後即進入無緣、無想、無言之禪定中。

由此起後接誦：

具德根本大寶師，安住我心蓮臺上！

以大恩德垂攝受，廣賜身語意悉地！

具德上師已傳記，剎那不生邪分別，
善見勝解師所作，願師加持住心間！
生生不離聖上師，妙法吉祥受用具！
地道功德大圓滿，願速證得菩提位！

## 十、迴向

以是善根使眾生，福德智慧資糧滿！
從此福慧資糧中，獲得淨妙二佛身。
已做能作正做等，眾生善業盡所有，
依善於彼淨土上，願皆能得普賢果！
文殊勇識作洞察，普賢菩薩亦如是，
隨諸菩薩我勤學，此諸善根皆迴向。
三時一切如來佛，迴向與何致聖讚，
我亦將此諸善根，行善事故猛迴向。

## 十一、特殊祈願

無論何方受生得人身，願皆能獲天趣七功德！
降生人世願即遇佛法，如法修持願身得自在！
復次為使尊師心歡喜，願能晝夜無分別法行！
領悟佛法修證法要義，願於今世超渡世間海！
於此世間弘揚佛妙法，成辦他利願心無憂勞！
廣行利生事業無偏見，一切有情願同證佛果！
　　此大圓滿隆欽心髓前行念誦簡編遍智妙道，是在仁增久美嶺巴等幾位正士關心下，由受過戒的密咒瑜伽師久美赤

列吾色所寫。由此善根，願後來諸眾弟子，猶如眼見歷代上師證得佛果，自悟普賢現前，成為世間如海眾生不斷受益之因。願一切吉祥，善哉！

# 酬神歡喜煙供吉祥旋儀軌

圓滿芳香桑供恒河水，是洗不淨眾罪儀規師，
有根祖師從頭所引出，前無具緣車規為誰立？
諸佛體性蓮師秘密語，猶如金剛誓言細甘露，
可教垂危死主反捨棄，尋食吐物愚者有誰人？
然這雪域不少自傲者，猶如夜行嫺烏自失笑，
誤將不祥叫聲當梵音，終是獸逐陽焰一場空。
因此從我聰慧鹽鹼湖，採用劣智笨釣舀滿水，
希求澆出二利香甜果，豈非虛空蓮花伸手摸？
即使如是若干追求者，再三寄語催促又鞭策，
因此圓滿動聽梵音鼓，終從伺察喉道發出聲。
能喜眾神妙桑供，所需桑料有種種，
樹枝藥草三白料，三甜食物細香沫，
各種珍寶與五穀，灑料肉類酥油等，
是諸順緣煨桑物，先要全部擺設好，
後坐安適坐墊上，心不外逸而念誦。

## 一、皈依

吽　具德上師本尊空行眾，請降加持成就除障礙，
　　我等眾生無餘從此時，皈依乃至證得菩提位。

## 二、發心

吽　遠離邊際輪回大海裡，執迷無明浪顛之眾生，
　　為達明智自性寶島上，願發殊勝淨妙菩提心！

## 三、資糧田

吽　清淨天界一輪虹光間，如意乳海旋聚正中央，
　　蓮花日月寶座之上方，三世諸佛總集蓮花生，
　　身示忿怒愛欲相文靜，右手胸前執持五股杵，
　　滿盛甘露顱鉢左手捧，三尖天杖靠身左側旁，
　　鷹翎寶鏡彩綢飾佛冠，身著密衣祖衣與披風，
　　雙足不退金剛跏趺坐，善巧雙運空樂抱明妃。
　　益西措傑嬌似妙印母，總皈依處大悲受用中，
　　現起容貌相好佛妙顏，無礙降臨持明阿闍黎。
　　上下一切方維請安住，我以不退信仰心頂禮。
　　獻上普賢無量供養雲，種種墮罪過犯皆懺悔，
　　隨喜三時所有諸善根，請轉廣大甚深妙法輪！
　　但願色身百劫不動搖，三時清淨潔妙之善業。

## 四、加持桑料

吽　我即金剛薩埵頂上師，普賢佛相莊嚴全俱足，
　　除垢化淨精美之桑料，讓諸灌頂神靈得滿足。
　　心間放射種子大光明，淨化逆緣一切諸罪障，
　　心所願求無餘請滿足！

唵，秀德秀德，肖達那耶娑哈，唵。貝雜薩埵吽，唵，娑巴哇悉達，薩哇達麻娑巴哇，毗秀冬秀哈，唵那麻薩瓦達塔嘎達，色亞毗肖穆開巴雅，薩瓦達巴烏嘎德，發惹納哦曼，嘎嘎那，康娑哈，唵，貝雜阿麻達根札哩哩哈那哈那吽呸。那梅薩山瓦達塔，嘎達阿瓦洛格德，唵，薩巴惹，薩巴惹吽，唵，哩那阿瓦洛格帝，那麻薩曼達，薩拍惹納，惹美巴瓦，麻哈麻尼，德熱德熱，舍打雅雜拉，尼娑哈，那麻薩曼烏打納穆札，嘿，肖日札巴，雜那麻哈，薩瑪雅吽呸。

如是念誦，並結諸手印。

## 五、入正行之我入（  བདག་འཇུག ）

吽　蓮花日月輪壇之上我，　即是威鎮三界蓮花生，
　　神色威嚴無畏中間坐，　空行勇識眷屬周圍繞，
　　放射怙主大慈悲憫光，　清淨無量蓮花光剎土。
　　銅色吉祥聖山宮殿裡，　眾佛體性總集蓮花生，
　　身體相好慈顏常微笑，　語言動聽梵音宏亮亮，
　　意趣空明無礙虛渺渺，　靜猛本尊傲氣直衝衝，
　　父體勇士舞步踢踏踏，　母體勇母歌聲嘹亮亮，
　　骷髏使者歡跳鏗鏘鏘，　容顏好似彩虹光閃亮。
　　請以大慈悲憫之加持，　向此方土如雨降靈氣！
　　桑料供品皆使長功力，　此處人眾普請賜悉地！
　　唵阿吽，貝雜格惹貝瑪斯底吽！

## 六、迎請賓客

吽 慈悲加持根本傳承師，成就根基本尊壇城佛，
成辦事業具誓護法眾，增長助緣傳宗守舍神，
住於三界八部當方神，無餘迎請順利降此地，
穩坐各自歡喜位置上，受用內外桑供得歡心。

## 七、桑吟

吽 不變遍空法身離戲論，具足三密不盡廣受用，
以悲應化顯示種種身，眾生眼前適作幻網舞。
遠離毀壞虹體金剛身，無陰無歇聲音那達語，
知識遍通自用明智意，無始自然清淨普賢佛。
無明迷亂輪回河水中，取名利害作者世間神，
一月輪中可現十萬影，如是自心變化隨所欲，
雖離淨與所淨能淨境，如象幻術大師之魔術，
為消種種不淨罪業障，賜我悉地用桑來獻供。

吁嗟！

賜授喜慶吉祥春使者，招喚烏雲生起翻滾滾，
一旦擴散彌漫布虛空，夏日雷聲即刻轟隆隆。
紅光電繩閃動黑暗除，無止無盡大雨隨降臨。
洗淨大地面頰汙塵垢，樹木花草髮辮皆搖動。
樹枝樹葉香味四飄散，五穀酥油珍寶齊燃燒，
煙霧雲團猶如恒河水，來做除逆緣罪儀規師。
因此佛至貝瑪桑巴哇，點燃雪域佛教明燈時，

隆欽大圓滿心髓集要

密藏無數桑供事業經，作為伏藏封存不壞匣，

怙主信徒金剛眾兄妹，胸懷追隨前代聖哲心，

以能等同普賢供養雲，虔敬神煙供奉眾神靈。

吁嗟！

樺葉顏色賽黃金，堆積一起煨桑煙，

柏枝綠如溶松石，堆積一起煨桑煙，

野薔色白似海螺，堆積一起煨桑煙，

杜鵑葉紅似瑪瑙，堆堆豔麗煨桑煙，

藥草乳香藏木香，檀香沉香煨桑煙，

各種樹枝草精華，油面五穀煨桑煙。

絲綢錦緞五珍寶，隨緣桑料三白甜，

禪定咒印作加持，變作愛物煨桑煙。

吁嗟！

一生弘傳成佛甚深乘，授熟灌頂解脫之導引，

所依傳承密續與密訣，諸神旨令教敕親賜者，

無始依怙普賢佛開始，乃至大恩根本上師間，

印藏所有大德持明眾，真傳金剛上師用桑供！

神聖佛土雪域這地方，往日出現現今出現之，

精通三藏聲量工醫方，無數明論聖哲用桑供！

特別世代法王祖師眾，三世佛陀體性蓮花生，

佛教至親堪布希瓦措，具德無上三師用桑供！

五百頂冠覺活師與徒，佛教教主則欽娘波夏，

三界佛法大王宗喀巴，利樂源泉三師用桑供！

吁嗟！

猶如彩虹自現相莊嚴，善逝五部如來諸佛尊，
身邊四十二位隨侍神，佛陀息靜諸天用桑供！
如同因陀羅山末劫火，緊緊圍困戰勝四種魔，
五十八位威嚴四嚕迦，所有飲血明王用桑供！
身語意與功德事業神，放咒持明供贊猛咒神，
善逝如來無餘皆會聚，無數壇城諸天用桑供！
文殊不動敵面三怖畏，勝樂歡喜時輪等四部，
無量難以言狀諸壇城，本尊主宰諸天用桑供！
八大寒林二十四地域，三十七處聖土及虛空，
無數奇妙地方所安住，勇識空行諸天用桑供！

吽嗟！

佛陀普母金剛自在女，饒益所化妙音語言神，
調伏暴虐欲界自在母，護法具誓海眾用桑供！
多聞天子事業閻魔敵，屍陀林立具善三兄弟，
札協金剛伏魔用桑供，護法大海商主金剛帳，
三地空行主母煙炭母，奪力大王四面自在天，
布札兄妹拜冬用桑供，瑪囊埃迦雜支吉祥母，
騎虎唐拉曜魔魔依怙，化身法王猛贊金剛善，
十二丹瑪長壽五女供，大昭寺與吉祥桑耶寺，
鎮肢鎮節諸寺伏魔寺，蘭若法輪無餘守護神，
佛法伏魔保護神桑供，國王項神庶民生命神。
世間形成九大神眾等，守護勃傑藏人於雪域，
地祇護方力士用桑供，印度於闐尼漢與霍爾，
阿裡三圍衛藏四大域，上部安多下部安多區，

無餘一切國土與地方，地祇護方神眾用桑供！

天龍藥叉母魔水腫鬼，傑布閻羅贊曜星宿等，

總之一切能存阿修羅，天龍八部奴眷用桑供！

吽嗟！

特別我等隨侍眷屬眾，心願成就種族得繁衍，

賜予無盡財寶作依怙，增長勇武諸天用桑供！

使用五根各自之功能，無礙成辦事業主管神，

快速戰馬堅銳兵器上，依附住身戰神用桑供！

於上呈請對下降旨令，民事糾紛謀利於一方，

商旅貿易運輸與兵匪，諸事主管神靈用桑供！

守舍五神常勝三戰神，房屋爐灶堡寨頂部神，

田間畜圈門口道路神，世代祖傳戰神用桑供！

穆系傳承孜系傳承神，護阿闍黎傳承眾神靈，

行走道路莊園保護神，伴受衣飾眾神用桑供！

雅拉香波貢傑奔木惹，黑白花帝釋畏爾瑪眾，

世間預言明見顯示神，結神三百六十用桑供！

父神達哲神妃傑姆唐，十八欲種利樂未成空，

大空大種形成之戰神，阿迦嘎之擁神用桑供！

身神傑宗神童央嘎爾，藏人六大種族索道神，

圖嘎三百六十五神尊，雍仲本教神眾用桑供！

十二生肖神與八封神，九宮地主君王臣民神，

八十五行算類經典神，依附九卦眾神用桑供！

分管陰陽兩山與森林，分管草山江河與水塘，

分管大路叉口與樹木，分管自然人為火與風，

酬神歡喜煙供吉祥旋　儀軌

四處當方神靈用桑供！

接懺冒瀆晦氣

吽　向三根本護法八部魔，向地祇當方神及戰神，
　　獻上乾淨豐厚漸增長，作淨除垢神煙以祭供，
　　原本清淨明空明智性，若為無明迷亂魔沾汙，
　　猶如視繩為蛇受驚恐，本無亡見為有諸過失，
　　對於遍空勝義大樂身，乃是水中注水一體融。
　　成為世俗假面諸種罪，猶如淨水洗垢作懺悔。
　　特別我等疏財施主們，有違菩薩別解脫律儀，
　　背離持明密乘三昧耶，沾染污垢濁氣瘋癲障，
　　不善紅白燒燎行為障，種種不淨親做親能障，
　　口食美味身穿綢緞障，臥榻財寶僕人享用障，
　　皆讓桑料燃燒濃煙雲，全部無餘沖刷洗滌淨，
　　若使雪山白雪透徹明。星曜契機相會天時好，
　　吉祥圓滿地上值良辰，種種順緣具足這地方，
　　桑供果實但願任運成！

次託付事業

吽　順緣桑供無量神聖物，意念化作供品供上方，
　　三寶自性三根本神眾，請賜如雨共不共悉地！
　　具誓護法八部天神眾，所托事業無餘請成辦！
　　地祇當方守舍諸位神，請除障礙成就我所望！
　　總請所供各方諸神靈，能使我等人財與眷屬，
　　避開雄獅大象與毒蛇，瘋人野人鐐銬與火災，
　　以及海上盜匪八怖畏。邪鬼魔障瘟病與仇敵，

非時死亡閻羅鬼套索，口角誹謗爭訟格鬥等，
種種不順障礙請戰勝，越戒黑暗終結三更後，
出現善事曙光為先導，引來利樂白晝太陽光。
照射息靜事業放光明，福德永時長存如波鬢，
人壽財富無盡似大海，滿足心中所望如意寶，
請置事業興旺勝幢頂！觸即滿欲賜歡心愛女，
能引溫柔如若南來風，一見鍾情好似檀香樹，
請散灌頂事業芳香氣！心懷嫉妒非天喜女胎，
交戰百股金剛杵一舉，與諸福德一同使下墜，
誅滅事業巨力請賜給。二障卵殼中間得解脫，
超越二種資糧迦陵鳥，飛在遍知一切虛空界，
但請叫出佛法最妙音！利樂源泉釋迦佛教法，
信徒善士眾生諸幸福，願遍增長如夏江河流，
能跟大海水庫比威望，具聖智慧善緣眾生怙，
文殊依怙真實好聲譽，具祥第二佛陀諸教理，
但願興旺直至輪回邊，幸福普具恒時樂如春，
雪域國土四方地氣盛，利樂殊勝無餘產生出，
願賜歡樂悅耳妙佳音！喜樂吉祥四分圓滿真。
真實自成布達拉宮聖，權力神聖穩固國政潔，
潔淨願同恒河水相比。廣袤無邊大地國土上，
依法護民作善英雄輩，長久治國自在人中王，
願您人壽事業永昌盛，連連獻供禮贊我等眾，
實實誠心不退作祈請，怖畏設障敵人請戰勝，
微微含笑給我賜悉地！

吁嗟！

圓滿吉祥旋聚此聖地，能足殊勝妙欲福運廣，
猶如磁鐵吸取鐵屑狀，喜樂紛紛無礙招引至，
金胎梵天自在遍入天，帝釋天與轉輪大王等，
住此世間天人廣大眾，福運財譽無餘請賞賜！
天界神眾長生之飲食，龍王頭頂如意好寶珠，
人王前行國政七珍寶，福運財譽無餘請賞賜！
珠寶白傘金魚與寶瓶，右旋海螺蓮花吉祥結，
勝利金輪吉祥八瑞物，福運財譽無餘請賞賜！
釋迦淨飯王子所賜予，寶物加持吉祥生善門，
緣起任運自成八瑞物，福運財譽無餘請賞賜！
長壽無疾願望皆實現，力量權勢財富皆圓滿，
幸福歡樂一切好喜宴，福運財譽無餘請賞賜！

接請寬恕過失：

吽！由於愚癡事業出錯亂，供養聖物不全有污染，
　　一切過失心中作懺悔，大慈大悲眾神請寬恕！

請接動身返回：

吽！猶如水中自然冒水泡，明智功能迎請眾神客，
　　自性原本無生之境地，各自動身速速請返回，貝
　　雜木，

次說吉祥：

吽！猶如如意乳牛如意寶，如意寶瓶如意之大樹，
　　不勞而足眾生一切望，願得上師本尊與空行，
　　護法保護神眾之吉祥！

此類吉祥贊詞，可盡力多說。

## 後記：

從煙供祭教典大海中，用智慧之芒果核取水，
對於懶散乾渴折磨人，想有裨益掬起來作舞。
有人雖然善於作文章，卻不分純煙祭與醜儀，
桑供中間摻進去殺牲，此皆純屬謬誤之儀禮。
人有不懂煙供之術語，竟也自造若干煙供文，
愚人聽它雖然很悅耳，諸智者卻當它是笑柄，
有人按照老僧早規矩，經文掐頭取尾圖簡易，
拿它應付親友之情面，實無真實內容象回聲，
難超斷證功德之邊際，智慧之神深淺難度量。
人心飄搖變化無止境世間神鬼數量誰數清？
因此不重不全無矛盾，這樣煙供文字難寫成，
但為賢哲有持目有睹，為滿人求心量少錯誤。

此煙供文，是為一切眾生唯一親人，考頓法主曼達羅
於不退信仰頭頂之薩霍爾種姓布蘇所作。

至上清淨善業資糧水，洗淨眾生三毒諸垢汙。

願二資糧青春美貌體，穿上遍智智慧所做衣！

此桑供文金剛語加持，出自諸佛化身蓮花頭鬘力之教
言中，效力巨大。我等敷衍草庇，將其寫成文字，雖無多大
必要，但因精通蒙藏兩種語言、博學多聞的學者梅甘嘎居
瓦・希繞嘉措和采欽頭人洛桑群培二人懇請。這部《桑煙供
文吉祥旋》，是以大阿闍黎所著南北若干伏藏《桑煙經》為

酬神歡喜煙供吉祥旋
儀軌

基礎，為攜帶方便，並根據達欽仁波且希鐃堅參所作筆記加以理順，並由薩霍爾種姓阿瓦杜德之出家人阿旺洛桑嘉措聯合居郭札西奇口述，在拉孜政府院內筆錄成文者是門卓班欽其人。

　　願一切吉祥！

# 祈請第七品意樂頓悟觀修儀軌

南無格惹！

鄔金大寶啟請總觀想如下。

## 一、皈依

南無，上師善逝聚會身，三寶佛法僧體性，
我跟六道有情眾，皈依乃至證菩提。

## 二、發心

發心饒益有情眾，修成上師修成佛，
以此應機所化業，誓願化度救眾生。

## 三、第七支

上師本尊空行母，降臨日月蓮座上，
我用身語意頂劄，獻上內外秘供養，
懺悔不善罪孽障，隨喜修持密咒乘，
轉熟解脫密法輪，不般涅槃長住世。
祈請空行益希措傑師，祈請比丘南卡娘波師，
祈請納美道吉仁窘師，祈請王子牟赤贊布師，
祈請化身桑波札巴師，祈請持明俄珠堅贊師，

祈請更榜頓月堅贊師，祈請傳承索南喬桑師，

祈請大德唐東傑布師，祈請無比歐珠貝日師，

祈請大恩貢嘎桑波師，祈請不變賴超嶺巴師，

祈請法王仁欽彭措師，祈請化身南喀嘉辛師，

祈請賢哲多俄丹增師，祈請持明赤列隆珠師，

祈請法王戴達嶺巴師，祈請三世根本續上師，

祈請大恩最根本上師，祈請八大法行諸本尊，

祈請本母空行眾神靈，祈請護法女神貢姜札！加持今生來世與中陰，度我超脫輪回苦難海，

加持取得無生終極空，賜我共與不共兩悉地。

晚間祈請

阿闍黎第二佛之祈請第七品

唉麻火！

遠離戲論法界剎土上，法性三時無生亦無滅，出生自然圓滿大樂身，猶如虛空慈悲無偏私，謹向上師法身作祈請，祈請鄔堅蓮花生大士。

大樂任運自成剎土上，身語意及功德諸種業，

五種智慧具足如來身，種種殊勝慈悲各顯示，

祈請上師受用圓滿身，祈請鄔堅蓮花生大士。

娑婆世界清淨剎土上，觀音利樂眾生來降臨，

應機調伏善巧行眾事，過去未來現在三時之。

上師變化身我作祈請，祈請鄔堅蓮花生大士。

祈請法身原始普賢佛，祈請報身五部如來佛，

祈請化身極喜金剛佛，祈請文殊善識阿闍黎。

隆欽大圓滿心髓集要

祈請持明大德妙獅子祈請大班智達無垢友，
祈請王子蓮花生大士，祈請法王赤松德贊王，
要義迴向利樂眾有情，願悟純正金剛勝密義。

## 四、入正觀

眼前虛空彩虹間，獅座蓮花日月上，
三身諸佛真實體，根本上師蓮花生，
膚紅白示靜猛相，蓮冠密衣與法衣，
錦鍛披風威嚴穿，右手五鈷金剛杵，
左托顱缽長壽瓶，天杖扶持左肘間，
金剛跏趺坐莊嚴，其身語意壇城中，
無量三根本護法，靈光集散閃閃明，
真實現身坐眼前。
佛陀稀有無量教法中，特別殊勝教法有三種；
我佛釋迦牟尼剎土上，又有密咒大乘法降臨，
謹向大寶佛法作祈請，祈請鄔堅蓮花生大士。
兜率任運自成宮殿裡，三時善逝如來以意趣，
從彼違合瑪章如札魔，現見六道有情把苦受，
祈請無量奇妙大慈悲，祈請鄔堅蓮花生大士。
楊柳莊嚴無上宮殿裡，一切如來諸佛共商議，
借助息增懷伏四事業，邪見魔類教法全調伏，
祈請三世一切如來佛，祈請鄔堅蓮花生大士。
瑪拉雅山雷殛山顛上，猛力誅滅瑪章如札魔，
遂同羅剎女眾和合修，密乘教法從此而誕生，

向此殊勝化機作祈請，　祈請鄔堅蓮花生大士。
色究竟天法界宮殿裡，　三時無生無滅之法身，
諸法原本清淨自然成，　一切佛陀意密所化現，
佛父法身普賢我祈請，　祈請鄔堅蓮花生大士。
大樂任運自成宮殿裡，　大日如來受用圓滿身，
愚癡本淨具足明鏡智，　身之聖種善士侍身旁，
祈請佛陀種姓諸天眾，　祈請鄔堅蓮花生大士。
東方奇妙現喜剎土上，　金剛勇識受用圓滿身，
瞋恚本淨具足空性智，　意趣聖種聖士侍身旁，
祈請金剛種姓諸天眾，　祈請鄔堅蓮花生大士。
南方吉祥莊嚴剎土上，　寶生如來受用圓滿身，
我慢本淨具足平等智，　功德聖種聖士侍身旁，
祈請珍寶種姓諸天眾，　祈請鄔堅蓮花生大士！
西方極樂世界剎土上，　阿彌陀佛受用圓滿身，
貪欲本淨具妙觀察智，　羯磨聖種聖士侍身旁，
祈請羯磨種姓諸天眾，　祈請鄔堅蓮花生大士！
空性隨現無量宮殿裡，　忿怒明王殊勝四嚕迦，
足踩煩惱五毒坐寶座，　五部如來會聚侍身旁，
祈請普賢四嚕迦天眾，　祈請鄔堅蓮花生大士。
慈悲現化無量宮殿裡，　究竟圓滿明王四嚕迦，
足踩兇猛母魔坐寶座，　智慧所成本母侍身旁，
祈請最勝本母諸天眾，　祈請鄔堅蓮花生大士。
黑紅三角烈焰剎土上，　心體自性貝雜四嚕迦，
足踩瑪章如札坐寶座，　飲血明王活現繞身旁，

祈請華慶四嚕迦天眾，祈請鄔堅蓮花生大士。
黑紅厄字威猛無量宮，文殊雅曼達迦閻魔敵，
足踩閻魔水牛坐寶座，閻魔明王傲慢繞身旁，
祈請閻魔屠夫諸天眾，祈請鄔堅蓮花生大士。
黑紅三角自在無量宮，自在明王蓮花四嚕迦，
足踩男女黑魔坐寶座，祈請馬頭自在諸天眾，
祈請鄔堅蓮花生大士。猶如劫火熾燃無量宮，
華慶金剛童子勇士身，足踩兇猛男魔坐寶座，
伏魔十明王眾圍身旁，金剛橛諸天眾我祈請，
祈請鄔堅蓮花生大士。蓮花自在無量廣大宮，
無欲蓮花鮮豔寶座上，世尊怙主智慧無量壽，
無死長壽天眾侍身旁，祈請金剛長壽諸天眾，
祈請鄔堅蓮花生大士。寒林陰森威嚴無量宮，
大佛明母金剛亥母身，足踩仰面底惹坐寶座，
本母空行天眾侍身旁，祈請金剛瑜伽母天眾，
祈請鄔堅蓮花生大士。印度金剛寶座宮殿裡，
高舉三藏佛法之勝幢，示現因果真諦利眾生，
聲聞菩薩為侍圍身旁，化身釋迦能仁我祈請，
祈請鄔堅蓮花生大士。達那皋夏龍王宮殿裡，
以慈悲力廣行眾生事，以佛密意解脫六道眾，
五部空行天母侍身旁，化身極喜金剛我祈請，
祈請鄔堅蓮花生大士！漢地五台聖山宮殿裡，
佛身化身文殊大菩薩，上下四維以身利眾生，
身菩薩眾為侍圍身旁，至聖文殊天眾我祈請，

祈請鄔堅蓮花生大士。南海聖地普陀山宮殿，
佛語化身觀世間菩薩，上下四維以語利眾生，
語菩薩眾為侍圍身旁，觀音菩薩天眾我祈請，
祈請鄔堅蓮花生大士！聖地楊柳剎土宮殿裡，
佛意化身大勢至菩薩，上下四維以意利眾生，
意菩薩眾為侍圍身旁，祈請大勢至菩薩天眾，
祈請鄔堅蓮花生大士！上界尊勝無量宮殿裡，
聖者文殊菩薩用意趣，親臨帝釋天界弘密法，
十萬眾神羅聚證佛位，天神持明大眾我祈請，
祈請鄔堅蓮花生大士！下方大海深處龍宮裡，
觀自在大菩薩用意趣，安止龍王住地弘密乘，
十萬龍眾羅聚證佛位，龍族持明聖眾我祈請，
祈請鄔堅蓮花生大生！火山熾烈妙高山頂首，
金剛手大菩薩用意趣，國王乍之住地弘密乘，
有緣人眾無餘證菩提，人之持明聖眾我祈請，
祈請鄔堅蓮花生大士！北方鄔金自在宮殿裡，
善逝身語意所變化身，降臨南贍部洲利眾生，
持明空行聖眾侍身旁，蓮花生天眾我作祈請，
祈請鄔堅蓮花生大士！法身報身化身再化身，
過去未來現在三種時，十方諸佛菩薩持明眾，
我等用身語意致頂禮，心無猶豫遲疑作祈請，
祈請鄔堅蓮花生大士！

唉麻火！

從此地到西南日落處，聖地金剛座之西北隅，

拂塵小島食人羅剎洲，三世諸佛對其作加持，
對此特殊聖洲我祈請，祈請鄔堅蓮花生大士。

吽　昔前第一初劫終結時，對誅瑪章如札八用物，
　　作現密乘八勝地加持，降至孜達鄔丈那地方，
　　生起殊勝緣起我祈請，祈請鄔堅蓮花生大士！
　　金剛亥母加持之聖地，一切本母空行集會洲，
　　密乘語傳自音轟隆隆，到達彼剎土可證菩提，
　　對此特殊聖地我祈請，祈請鄔堅蓮花生大士！
　　心房形狀銅色吉祥山，根基札在龍王之住地，
　　山腰高聳直達空行土，山頂似跟梵天界相連，
　　對此殊勝山王我祈請，祈請鄔堅蓮花生大士！
　　吉祥聖山巍峨山峰頂，有座內外剔透無量宮，
　　東方水晶南方玻璃色，西方紅色北方藍寶色，
　　對此殊勝宮殿我祈請，祈請鄔堅蓮花生大士！
　　大無量宮四面與八方，上下皆用珠寶修築成，
　　長廊房角護牆與四壁，四業顏色各自分外明，
　　對此自成無量宮祈請，祈請鄔堅蓮花生大士！
　　城牆姝台磚瓦與瓔珞，欄杆半珞五寶透明亮，
　　四門牌樓法輪與飾物，各種奇異珍寶美莊嚴，
　　對此珍寶無量宮祈請，祈請鄔堅蓮花生大士！
　　如意寶樹甘露清泉眼，內外五色彩虹如雲卷，
　　蓮花光芒遍照中空界，念彼剎土即可獲大樂，
　　對此蓮花無量宮祈請，祈請鄔堅蓮花生大士！
　　在此廣大無量宮中間，八角珍寶日月輪座壇，

無欲蓮花鮮豔花蕊上，顯現蓮師善逝聚會身，
對此自然化身我祈請，祈請鄔堅蓮花生大士！
為行息增懷伏四事業，身色手相裝束雖無定，
比起一千日輪更光明，比起須彌山王還巍峨，
對此奇異變化我祈請，祈請鄔堅蓮花生大士！
意密化身遍滿人世間，目如日月旋轉觀四方，
慈悲業比虛空閃電急，意趣深沉等同虛空界，
對此殊勝慈悲我祈請，祈請鄔堅蓮花生大士！
溷眾善巧廣行利生事，面帶笑容俊美神彩弈，
聲音洪亮如同千雷鳴，密乘甚深法音轟隆隆，
梵淨語音高喧我祈請，祈請鄔堅蓮花生大士！
大變化身四面與八方，下方足踩魔敵寶座上，
身語意與功德諸事業，五部如來伏魔明王眾，
八大法行天眾我祈請，祈請鄔堅蓮花生大士！
四方四瓣蓮花寶座上，四種骷髏四部空行眾，
全部無餘具屍林莊嚴，佩戴各種美飾作舞狀，
祈請雙身智慧空行母，祈請鄔堅蓮花生大士。
大無量宮四方與四廊，屋的護牆持明空行遍，
天神天女集聚如雲布，供獻各種內外密供品，
本母空行天眾我祈請，祈請鄔堅蓮花生大士！
珍寶無量宮之姝臺上，供養天女猶如雨雲集，
六種妙欲供品遍世間，皆以普賢供品供如來，
功德遍聚天眾我祈請，祈請鄔堅蓮花生大士！
大無量宮四邊四門上，四大天王護法守門戶，

神鬼八部為奴作使者，　妖魔外道微塵般降伏，
祈請護法保護神天眾，　祈請鄔堅蓮花生大士！

吽　蓮師空行天眾請現起，　十方三世如來請垂念，
密乘大德貝瑪托承雜，　請從持明空行界降臨！
頭上髮辮美麗顛巍巍，　珠寶首飾莊嚴窣窣窣，
屍林骷髏為飾炊拉拉，　種種音樂聲響嗡嗡嗡，
本尊聖眾吽聲轟隆隆，　五部空行起舞飄悠悠，
骷髏鬼卒蹦跳踢踏踏，　本母空行如雲滾滾翻，
八部護法作業閃閃動，　千副鎧甲碰撞喳啦啦，
右邊所有父續嘩啦啦，　左邊所有母續嘩啦啦，
中空處處旗幟嘩嘩飄，　薰香香煙撲鼻陣陣香，
空行傳密音聲轟隆隆，　鬼卒勇夫吟歌啁啾啾，
吽之鼻音起伏轟隆隆，　呸之呼聲猛吟宏亮亮，
為度我跟六道有情眾，　請以慈悲照護降此方！
於我未證菩提果位前，　調伏妖鬼邪引與障礙，
祈賜共與不共兩悉地，　度我擺脫輪回大苦海！

破曉祈請

唉麻火！

遠離戲論大樂普賢佛，　五部如來第六金剛持，
行六道事菩提勇識身，　法身報身化身三佛身，
諸佛密意傳承我祈請，　祈請鄔堅蓮花生大士。
具稱聖護藥叉流星面，　智慧方便安止海龍王，
聲譽無垢有緣國王乍，　持明自在帝釋天眾等，
持明智慧傳承我祈請，　祈請鄔堅蓮花生大士。

法身普賢佛尊用密意，自金剛勇識與喜金剛，
加持直至室利僧哈師，過去未來現在三時中，
大圓傳承上師我祈請，祈請鄔堅蓮花生大士。
佛陀顯示法身用密意，自五善逝加如三依怙，
加持直至桑吉桑瓦師，過去未來現在三時中，
幻化傳承上師我祈請，祈請鄔堅蓮花生大士。
文殊怖畏金剛用密意，自阿闍黎健白希寧始，
加持直至饒朗德瓦師，過去現成未來三時中，
身傳承諸上師我祈請，祈請鄔堅蓮花生大士。
蓮花四嚕迦他用密意，從自在天女與龍樹始，
加持直至蓮花生上師，過去未來現在三時中，
語傳承諸上師我祈請，祈請鄔堅蓮花生大士。
貝雜爾四嚕迦用密意，從喜金剛健白希寧始，
加持直至吽欽迦惹師，過去現在未來三時中，
意傳承眾上師我祈請，祈請鄔堅蓮花生大士。
殊勝四嚕迦他用密意，從化身空行與持明眾，
加持直至彌居南喀師，過去現在未來三時中，
功德傳承上師我祈請，祈請鄔堅蓮花生大士。
吉祥金剛童子用密意，從任運大手印持明始，
加持直至金剛托承雜，過去現在未來三時中，
事業傳承上師我祈請，祈請鄔堅蓮花生大士。
圓成大王殊勝四嚕迦，母續天女雍棋樂母始，
加持直至達那桑支師，過去現在未來三時中，
世間母續上師我祈請，祈請鄔堅蓮花生大士。

世尊札巴貢杜用密意，通過饒布古亞贊札意。
加持直至釋迦僧格師，過去現在未來三時中，
供贊傳承上師我祈請，祈請鄔堅蓮花生大士。
華慶多丹那波用密意，通過靜藏阿闍黎意趣，
加持直至金剛卓洛札，過去現在未來三時中，
猛咒傳承上師我祈請，祈請鄔堅蓮花生大士。
依怙無量壽佛用密意，通過天女贊達勒拉意，
加持直至無滅蓮花生，過去現在未來三時中，
長壽持明上師我祈請，祈請鄔堅蓮花生大士。
佛母金剛亥母用密意，通過獅面空行母意趣，
加持直至金剛勇猛力，過去現在未來三時中，
密乘母續上師我祈請，祈請鄔賢蓮花生大士，
飲血金剛明王用密意，通過化身蓮花生意趣，
加持南贍藏地有緣人，過去現在未來三時中，
密集傳承上師我祈請，祈請鄔堅蓮花生大士。
過去是諸佛尊用密意，通過釋迦牟尼佛意趣，
加持直至菩提薩埵師，過去現在未來三時中，
示因果意上師我祈請，祈請鄔堅蓮花生大士。
持明菩提薩埵用密意，加持補特加羅有緣人，
今世起到後世五百年，遵命修習密乘具誓人，
補特加羅耳傳我祈請，祈請鄔堅蓮花生大士。
如是眼根境界所顯現，內外一切情器眾物體，
雖存要置無我執境界，執著消失明空為佛身，
貪欲自解上師我祈請，祈請鄔堅蓮花生大士。

祈請第七品意樂頓悟
觀修儀軌

如是耳根界中所傳人，動聽或不動聽諸音聲，
置入聞空離想之境界，聞空無生無滅為佛語，
對此聞空佛語我祈請，祈請鄔堅蓮花生大士。
如是意根界中所浮動，五毒煩惱尋思怎出現，
於心不作前迎與後察，閃念置於不理為法身！
睿明自解上師我祈請，祈請鄔堅蓮花生大士。
於外所取境界為清淨，於內執著心性已解脫，
加持我等自性得解脫！

傍晚祈請：

唉麻火！

西南妙拂小洲羅剎域，印度大洋中間海島上，
安止龍王宮殿之上方，有株蓮花豔麗盛開放，
花蕊自生奇人我祈請，祈請鄔堅蓮花生大士。
無父無母幻化童子身，無因無緣自出大海中，
引渡無明邪願有情眾，善逝諸佛身語意變化，
化身海生金剛我祈請，祈請鄔堅蓮花生大士。
國王恩達菩提有緣份，從海島上發現帶回宮，
虔誠迎請授權做國王，依靠戒律治國安庶民。
對此頂髻大王我祈請，祈請鄔堅蓮花生大士。
南方清涼苑地寒林中，棄舍國政王位守禁行，
達那嘎那用雙修密意，收服本母空行一切眾，
堪布菩提薩埵我祈請，祈請鄔堅蓮花生大士。
四方一切寒林修行時，智慧空行母眾賜加持，
得見金剛亥母面成就，使役虛空一切大羅睺，

金剛猛厲身形我祈請，祈請鄔堅蓮花生大士。
紅岩大鵬苑之石窟裡，札巴哈德阿闍黎尊前，
效仿修習相應瑜伽法，親眼現見瑜伽諸天顏，
釋迦獅子身形我祈請，祈請鄔堅蓮花生大士。
天竺國土四方聖地上，精通顯宗因乘勝教義，
學者愛慧身形我祈請，祈請鄔堅蓮花生大士。
石窟瑪惹德迦岩洞裡，修持無死長壽持明時，
依怙無量壽佛賜加持，成就不生不滅金剛身，
無死蓮花生身我祈請，祈請鄔賢蓮花生大士。
前去調伏薩霍國土時，亦現非凡稀有大神通，
引導無明有情信佛法，處處國土佛法遍弘傳，
蓮花降生身形我祈請，祈請鄔堅蓮花生大士。
前去調伏鄔仗那國時，被劊子手拋入烈火中，
顯示神通火堆變湖水，安札菩提置於菩提道，
蓮花王子身形我祈請，祈請鄔堅蓮花生大士，
色究竟天處與大樂宮，任運堆聚以及蓮聚等，
自然佛塔跟前居住時，本母空行護法作隨侍，
蓮花日光身形我祈請，祈請鄔堅蓮花生大士。
行至南方印度地方時，空行伏魔天女賜加持，
辯經駁倒五百外道師，雷殛外道惡咒道主死，
聖者獅子吼身我祈請，祈請鄔堅蓮花生大士。
在尼泊爾央賴肖石窟，修習清淨大樂心要時，
金剛法摵誅滅魔鬼障，獲大手印悉地於彼土，
金剛頭鬘力身我祈請，祈請鄔堅蓮花生大士。

降臨利樂北方王業時，藏土一切夜叉皆調伏，
桑耶授權藏王心滿足，吐蕃國土佛法遍弘傳，
化身蓮花生身我祈請，祈請鄔堅蓮花生大士。
在桑耶與欽普紅岩洞，八大法行密乘壇城裡，
有緣國王臣民皆聚會，廣傳佛教密咒果位乘，
恩德無量蓮師我祈請，祈請鄔堅蓮花生大士。
達倉僧格桑珠洞窟裡，降伏外道惡魔與鬼蛾，
雪山聖地處處埋伏藏，慈護未來濁世有情眾，
忿怒金剛身形我祈請，祈請鄔堅蓮花生大士。
藏地四大雪山為禪堂，八大石山洞窟做靜室，
四方山岩化身印足跡，四大名湖上留師手印。
淨除六道蓋障我祈請，祈請鄔堅蓮花生大士。
南方門喀山岩遺身影，五種伏藏代他留藏人，
佛陀教法弘揚至邊地，眾生福分藏土唯一佛，
殊勝大悲大德我祈請，祈請鄔堅蓮花生大士。
西南指塵小島吉祥山，首領眾多持明空行王，
調伏一切食肉羅剎眾，慈悲不斷垂顧於藏土，
大恩變化身我作祈請，祈請鄔賢蓮花生大士。
後五百年藏土有情眾，因造孽故苦難不斷根，
一旦憶您傳記祈請時，請對我跟六道有情眾，
慈悲垂顧同時賜加持！

半夜祈請：

唉麻火！

西方極樂世界剎土上，依怙無量壽佛以慈悲，

在贍部洲垂念眾生事，十方諸佛共同賜加持，
三世善逝如來我祈請，祈請鄔賢蓮花生大士。
印度大洋中間海島上，蓮花一株盛開花蕊間，
無父無母自然而降生，無因無緣降臨利有情，
對此自生奇人我祈請，祈請鄔堅蓮花生大士。
一切諸佛佛身所現化，降臨具足自然隨好相，
光明勝過千輪太陽輝，你之化身遍濟人世間，
對此奇妙化身我祈請，祈請鄔堅蓮花生大士。
一切諸佛佛語所現化，單身聖潔蓮花花蕊間，
音聲勝過千雷共轟鳴，高宣大乘法音利眾生，
對此雷鳴音聲我祈請，祈請鄔堅蓮花生大士。
一切諸佛佛意所現化，生於深廣大海之中心，
悲業勝過虛空閃電急，意趣深沉等同虛空界，
總是清淨意趣我祈請，祈請鄔堅蓮花生大士，
利樂眾生現化如意身，聞你名號即可消苦厄，
如像彩虹功德各分明，剎那思念即引菩提道，
你身功德遍滿我祈請，祈請鄔堅蓮花生大士。
因需行持慈悲事業故，依諸慈悲事業作灌頂，
息增懷伏四種佛事業，善巧調伏難化眾有情，
如空繁星功業不思議，對此事業大海我祈請，
祈請鄔堅蓮花生大士。上下四維廣行利生事，
慈悲垂顧藏地雪域人，對藏領主王臣與庶民
三時永久不停賜加持，請渡解脫輪回大苦海，
追隨鄔堅願斷輪回苦，請務不分晝夜六時辰，

祈請第七品意樂頓悟
觀修儀軌

虔誠信受常時作祈請，專注一心語調要親切，

狀若幼兒嬌聲喚父母，勝過彈奏琵琶吹笛音，要如上述所許之誓言，懷著恭敬渴望的心情。再作如下祈請：

請發慈悲吧，麻哈上師！

請賜加持吧，尊頭鬘力！

請除障難吧，猛利伏魔！

請賜加持吧，鄔堅大寶！

現時鬥爭五百年濁世，部多亂世眾生遭塗炭，

邊地兵災瘟疫與饑荒，種種災難傷害請熄滅！

佛陀教法特別九乘軌，及其廣大信徒願興旺！

圓滿桑耶任運宮殿裡，蓮花大士宣示密乘教。

大乘法王具備七寶藏，有緣信徒五賢弟子眾，

鬼宿月臨充滿吉祥時，現今如意任運降此地。

唉麻火！

西方極樂世界淨土中，阿彌陀佛慈悲作加持，

加持化身蓮花生大士，降臨南贍部洲利有情，

利樂眾生不斷慈悲者，鄔堅蓮花大師我祈請，

祈請加持心願任運成！贊普赤松德贊王開始，

乃至法王世系未終前，藏土護法大王唯一新，

庇護國王法行慈悲是，鄔堅蓮花大師我祈請，

三時不斷請常賜加持，祈請加持心願任運成！

聖體鎮壓西南羅剎眾，慈悲垂憐藏土眾有情，

救渡無明眾生一導師，苦厄難化有情巧調伏，

憐憫相續不斷慈悲者，鄔堅蓮花大師我祈請，

祈請加持願望任運成！　壞劫濁世臨到邊際時，
一朝一夕降臨來藏土，　日升日落乘陽光降臨，
每月初十良辰親降臨，　猛利利樂眾生慈悲者，
鄔堅蓮花大師我祈請，　祈請加持願望任運成！
後五百年鬥爭混濁世，　煩惱五毒纏縛有情眾，
五毒苦厄擾亂自性時，　那時鄔堅請慈悲救渡！
信眾引上天趣慈悲者，　鄔堅蓮花大師我祈請，
祈請加持願望任運成！　霍爾蒙古兵馬圍邊境，
法輪遇到兇殘威脅時，　一心無二無疑作祈請，
神鬼八部隨從霍爾兵，　鄔堅全皆退轉無疑問，
鄔堅蓮花大師我祈請，　祈請加持願望任運成！
有情幻身將滅生疾病，　難忍病痛無情折磨時，
一盡無二無疑作祈請，　鄔堅無二等同藥師佛，
非是壽盡障礙定消除，　鄔堅蓮花大師我祈請，
祈請加持願望任運成！　大種失調四大相違時，
災荒貧病危害眾有情，　一心無二無疑作祈請，
鄔堅空行財神諸聖眾，　消除貧困饑餓無疑問，
鄔堅蓮花大師我祈請，　祈請加持願望任運成！
為利有緣眾生掘藏時，　只要誓言無詆勇氣足，
一心無二無疑作祈請，　鄔堅跟諸本尊無分別，
師寶弟子繼承無疑問，　鄔堅蓮花大師我祈請，
祈請加持心願任運成！　山林密處靜地被騷擾，
雨雪猛風爆發阻路時，　一心無二無疑作祈請，
鄔堅當方凶神眾隨從，　作法除難指路無疑問，

鄔堅蓮花大師我祈請，　祈請加持願望任運成！
虎豹熊羆毒蛇眾猛獸，　出現幽谷深山險道時，
一盡無二無疑作祈請，　鄔堅勇士鬼卒保護神，
驅逐兇惡有情無疑問，　鄔堅蓮花大師我祈請，
祈請加持願望任運成！　碰到土水火風四大種，
障礙毀壞假借幻身時，　一心無二無疑作祈請，
鄔堅連同四大種天女，　會使大種平息無疑問，
鄔堅蓮花大師我祈請，　祈請加持願望任運成！
穿過小街僻巷危險地，　遭遇強盜掠奪屠殺時，
一心無二無疑作祈請，　能生鄔堅四手印密意，
強人貪心隨即能摧毀，　鄔堅蓮花大師我祈請，
祈請加持願望任運成！　何人若被亂兵所圍困，
利刃揮動危及生命時，　一心無二無疑作祈請，
鄔堅身具金剛帳特性，　屠夫驚慌武器即離手，
鄔堅蓮花大師我祈請，　祈請加持願望任運成！
一旦死亡降臨壽命終，　裂屍擊骨痛苦聚合時，
一心無二無疑作祈請，　鄔堅即現阿彌陀佛身，
救渡前往西方極樂土，　鄔堅蓮花大師我祈請，
祈請加持願望任運成！　假借幻身壞滅至中陰，
幻覺迷離痛苦發生時，　一心無二無疑作祈請，
鄔堅洞察三世大慈悲，　定使幻覺自滅無疑問，
鄔堅蓮花大師我祈請，　祈請加持願望任運成！
此外因為業緣所控制，　幻覺執為實有受苦時，
一心無二無疑作祈請，　鄔堅示現大樂王體性，

隆欽大圓滿心髓集要

能把虛幻痛苦連根除，鄔堅蓮花大師我祈請，
祈請加持願望任運成！六道眾生為大苦所害，
特別藏土君民受苦時，若以虔恭信解之熱望，
一心無二無疑作祈請，鄔堅慈悲不變定垂顧，
鄔堅蓮花大師我祈請，祈請加持願望任運成！

　　任運密意祈請第七品，雖有以前舊版，以後修改等諸
多形式，上述文字乃是按照奧蒙閱珠林法行版刻寫。薩瓦達
蘇室瑜巴瓦督！

　　除此，還有先後從伏藏中掘出的七支祈請，消除道障
祈請等，以及丹巴貢瑪多吉文集等具有加持力之祈請百異，
盡可用敬信渴望心情念誦。如若難盡作到，只誦上師三身祈
請文或如意自成祈請文即可。無論如何，最後為摧勵心續，
金剛上師念誦要盡力而為。接誦：

上師三處三字種，光明次第頓射出，
射入我身三脈處，證四灌頂淨四障，
成修四道之根器，後融自身無分別，
觀已超想法身面，依此善根速使成，
現為鄔堅上師身，願將眾生不餘一，
普皆安置與彼土！

　　如是以迴向印證。以上祈請文，是遵循化身大伏藏師德
欽嶺巴許諾囑託，由海生上師喜歡的邦欽則旺波即貝瑪吾色
多俄嶺巴德所寫。

　　善哉！

# 鄔金蓮花生所著簡明遺教

鄔金語：佛陀達瑪桑嘎雅。

吐蕃語：謹向佛法僧三寶，永世恭敬頂禮！

救渡大師蓮花生，

為所度化作本生，

由此以信救有緣。

唉麻火！

由是木赤贊普藏王子，邀請頂首三位阿闍黎，

九層錦緞寶座上師坐，五層錦緞福座堪布坐，

左右五行圖紋坐墊上，就坐白若為首三譯師，

殊勝財寶無數獻上師，俯首頂禮反覆作祈請：

唉麻火！

遍智三世鄔金大王子，父王赤松德贊已離世，

佛法明燈轉移羅剎域，雪域人眾遍遭短壽苦，

從現時起乃至最後劫，為有緣眾得證法要義。

對格惹您祈請有所依，尊師簡要傳記請口授！

如是請求蓮師作答曰：「注意傾聽木赤贊普王！

為利來世簡述吾傳記。

唉麻火！

生我八父懷我有八母，變化八身降臨去八地，

居於八處皈依八上師，親見本尊究竟八證果，
寒林八處法承有八徒，靜地八處意降八尼姑，
功業八支密藏八伏藏，實修八種密法八法主。

唉麻火！開首說獲八號情：

三界有情置樂土，號曰格惹蓮花源。
主宰佛教作法主，號曰格惹蓮花生。
清淨無垢學三藏，號曰格惹蓮花王。
一切樂受聚自身，號曰格惹怒金剛。
三乘平等遍虛空，格惹日光為尊號。
一身具足八相法，釋迦師子為尊號。
普為六道宣法音，號曰格惹獅子吼。
一切知識皆通達，格惹愛慧是尊號。

唉麻火，第二明示八生父：

遍知一切體性父，是為法身普賢佛。
永斷生死輪迴父，是為怙主無量壽。
六道一切賢者父，是為佛祖阿彌陀。
法之根本菩薩父，是為報身觀世音。
佛法根本僧之父，是為化身釋迦佛。
門伐高貴國王父，是為恩札色德王。
普謁最早人之父，支那則巴崇法臣。
以愛相處友之父，乃是摯友金光師。

唉麻火，第三明示八生母：

　　達那郭恰大海母，是為蓮花之花胚。
　　俱生智慧大樂母，是為無漏普賢母。
　　讚頌變化身之母，是為後妃持光女。
　　寒林修正行之母，是具德金剛亥母。
　　四法灌頂全施母，貢嘎摩蘭比丘女。
　　託管佛法傳承母，是為空行業根女。
　　創建佛法核心母，是為至尊聖度母。

唉麻火，第四明示八化身：

　　吐蕃佛法奠基身，乃是松贊干布王。
　　普弘佛法之化身，乃是赤松德贊王。
　　護法持久之化身，乃是木赤贊王子。
　　如實持法之化身，乃是庶民魯旺波。
　　平定邪惡之化身，印度瑜伽黑咒師。
　　佛法增減復原身，濁世怙主阿底峽。
　　教化自如調伏身，底羅札咱巴熱尊。
　　廣修佛法持教身，八戒居士皎月師。

唉麻火，第五明示八臨地：

　　降身大海赴鄔金，作王儲赴薩霍爾，
　　摧四魔赴外道地，具神通赴央巴井，
　　具聞思赴喀迦地，廣行善事赴於闐，
　　共許無爭尼泊爾，因祈願力赴吐蕃。

唉麻火，第六明示久居八大地：

建立三藏居於塝嘎達，戒律具足居住金剛座，
名揚十方居於喜樂園，不落偏執居於各大洲，
菩提心熟居於桑嘎拉，了斷我執居於漿諾木，
降伏三界居於澤賴肖，應贊普請居於桑耶寺。


唉麻火，第七明示所依八上師：

拜謁依止室利僧哈師，求授具足大圓滿密法。
拜依堪布札巴哈德師，出家受戒修持比丘行。
拜依空行主母業根女，請授全部靜猛八密法。
拜謁依止法種白蓮王，請授全部時輪金剛法。
迦濕彌羅拜依無垢友，請授全部甘露靜猛法。
僧伽拉依文殊希寧師，請授全部文殊靜猛法。
薩霍地方拜依龍樹藏，請授全部蓮花靜猛法。
那蘭陀拜達那桑札師，請授全部本母靜猛法。


唉麻火，第八明示親見諸本尊：

開示八大法行壇城面，第一教授獲一大證果，
怖畏陰森八大寒林中，於清涼園修持甘露法，
得見甘露功德諸尊面，吽欽岩洞之中作正法，
得見正意諸位本尊面，威羅瓦苑苦修閻羅法，
得見文殊化身本尊面，蓮花園修馬頭明王法，
蓮花語教本尊親眼見，受樂園中修持金剛橛，
金剛橛業本尊親眼見，天成園中修持本母法，

本母放咒諸天親眼見，大樂村中修持世俗法，
世間施供諸天親眼見，世間城中修持猛咒法，
猛厲詛咒諸天親眼見。

唉麻火，第九明示八大究竟果：
　　被鄔金王流放邊陲時，示現懾服空行修證果。
　　印度過往施刑弗戈尖，示現肢體無傷修證果。
　　被外道王投於江河時，示現大種不溺水證果。
　　薩霍國王用火燒身時，示現八部鬼眾修證果。
　　桑耶寺受國王供養時，示攝八部鬼眾修證果。
　　赤熱巴金宮內倨傲時，幻火焚燒贊普身上衣。
　　示現我強我大修證果，眾多魔臣挑唆施詭計，
　　示現殘僵離世修證果，鎮壓西南羅剎鬼眾時，
　　示現善化羅剎修證果。

唉麻火，第十明示八法承弟子：
　　南喀寧波能駕日光行，桑吉益希岩上能釘橛，
　　安魯嘉喬能如馬嘶鳴，益希措傑起死能回生，
　　卓彌華能使役馬摩眾，並能降伏大象與猛獅，
　　白若咱那似真蓮花生，赤熱巴金具備幻身術。

唉麻火，第十一篇預言八靜地：
　　桑耶欽普羅札喀日奇，札吉央宗雅隆石岩洞，
　　瑪雅瑪蒙以及喀室宗，桑蓋宗和巴卓達倉洞。

唉麻火，第十二篇明示八明妃：

> 印度明妃曼達熱哇女，具根器婦益希措傑女，
> 最佳僕人炬諾薩珍女，最佳信徒瑪迥薩措女，
> 最佳現證希格則珍女，最佳尋得夫人花魅女，
> 國王宏愛夫人蓮花女，後妃心愛奴堅薩萊女，
> 是為四門夫人四明妃。

唉麻火，第十三篇明示八功業：

> 不貪世俗行持各種業，等同佛祖神勇任顯示。
> 行取戒禁修持起屍法，如同父母普法度眾生。
> 摧伏魔軍修佛菩提心，廣轉法輪涉足於吐蕃。
> 弘密法故埋藏寶伏藏，對治魔眾安定贍部洲。

唉麻火，第十四篇明示八伏藏：

> 依據時令埋下心伏藏，見聞所生埋作密伏藏，
> 金紙秘笈埋作深伏藏，稀有奇法埋作極秘藏，
> 濟貧窮故埋下寶伏藏，調伏眾生埋下微伏藏。
> 不拘一格埋下二伏藏，為護寶故埋下意伏藏。

唉麻火，十五明示實修密法：

> 此分四部四分支，四部密集分別是：
> 上師八教之密集，本尊八教之密集，
> 護法八教之密集，空行八教之密集。
> 四部分支分別是：大圓滿之太陽法，

密乘入行道次第，蓮師猛厲之明咒，
佛母黑忿怒母法。

唉麻火，十六明示法主八林巴：
　　八大菩薩之化身：鄔金林巴在中央，
　　多傑林巴在東方，仁欽林巴在南方，
　　貝瑪林巴在西方，噶瑪林巴在北方，
　　禪定林與日月林，壞滅林與管藏林，
　　產生八大伏藏師，亦是蓮花生化身。
　　唉麻火！
　　仔細傾聽大國王，如我這般蓮花生，
　　能顯共同五神通，能顯未來五神通，
　　能顯過去五神通，能顯現時五神通，
　　能顯無量五神通，五智神通我皆有，
　　前世無量光佛尊，普陀山中觀世音，
　　達那高夏蓮花我，表相顯示為三身，
　　實則體性無分別。法界駐錫之普賢，
　　密嚴剎土金剛持，金剛座之釋迦佛，
　　無二任運化作我，如是常向我祈請！
　　從百一十三代贊普起，薛禪皇帝引兵將入藏，
　　雪城庶民皆要遭禍殃，吾之聖殿亦會被摧毀。
　　彼時呈之化身降薩迦，地於上部父叫曰文殊，
　　母名度母誕生一王子，號曰貢噶堅參眾生怙。
　　吾之佛堂他會重修復，密乘佛法必再得弘傳，
　　藏地有情普渡安樂日。從此藏土王位輪爭坐，

隆欽大圓滿心髓集要

有時法王有時魔稱王，法王會將戒律樹立起，
毀滅佛教戒律是魔王。彼時人事沉浮多變遷，
佛陀授記多康某一崗，阿底峽之化身羅桑札，
降生人世藏上福樂生，善方諸樂因此壯勇氣，
娘麥尼瑪多地立一宗，佛殿修築拉薩紅山頂，
彼時鄔金林巴吾化身，降臨開示二十五伏藏。

賜教完畢贊普熱淚落，再致頂禮奉獻曼札曰：
「教化眾生阿闍黎，王位我坐能多久？
藏民安樂有多長？摩訶大師請明示！」

言畢連連頭頂禮。蓮花大士賜言曰：
「汝之王位將從現時起，如同煙雲從上部消失，
此後藏土王位輪流坐，尤其菩提薩埵之化身，
享譽善劫顯教之美名，而有痣者出世稱王后，
藏區將有窗影安樂日，馬羊猴年漢兵將來臨，
水陽猴年雅隆札兵營，最後藏區將歸漢人管。
父叔內戰交兵達高崗，翁塘方面分裂另立王，
治國護法化身我降臨。戰亂紛起漢地尼泊爾，
幸福太陽微弱照雪域。惡業自己行持叫惡世，
時間不變是人自變壞，彼時人們福極無蹤影，
常時向我蓮花生祈請，白日來臨觀修觀世音，
為利有情口把瑪尼誦，父母六眾將會回報恩。
黑夜降臨修我蓮花生，利自身故將我心咒誦，
濁世芸芸眾生我庇護，三時顧念關照永不停，

即便生三惡趣我來引。雖多行善恩德無回報，
對我若長祈請告實情，我有倒轉壽濁十歲法。
彌勒化身赤登將降世，解脫薄命壽濁十歲苦。
復次善劫增長福樂至，親見佛容將是尋常事。
一早一晚不忘雪域人，信徒門口有我蓮花生，
吾之身形不生死輪回，尊貴王子木赤贊普你。
從此十七代中做善事，後將前赴鄔金空行洲。
白若咱那譯經大師你，要將我這甚深密乘法，
藏於桑耶寺頂作伏藏，留給來世有緣信徒眾。
我不留居去降羅剎魔，教化羅剎普皆皈佛道。
蕃民安置樂土即離去，如是言畢目觀西南方。
（厄特）薩瑪雅，密密！
此伏藏是伏藏鄔金林巴從桑耶欽普寺中所發掘。
格惹蓮師伏藏此傳記，具緣信徒請記於心中，
若能明淨悅耳誦一遍，等同讀了全部遺教經。
濁世有情命短身多疾，星曜龍族非人傳染病，
奪取性命從中作障時，掉舉走神失去佛護佑，
如若依此傳記為本尊，念誦次數過百達千遍，
必能壓伏邪惡善方勝，邪鬼魔障平息在頃刻。
身命堅固會如金剛體，此生息滅逆緣魔障難，
來世願生蓮花光剎土，鄔金格惹蓮花生大士，
所述簡明遺教之精華，能使自他眾生皆獲益。
乃至勝解具足修善根，大德長住國土享太平，
父母包括於內有情眾，淨障無上資糧速圓滿，
願生聖土蓮花光佛剎！

# 消除法障祈請頌

唵阿吽，貝雜格惹貝瑪斯底吽！

祈請法身普賢佛，祈請報身觀世音，
祈請化身蓮花生！
我師奇妙變化身，降生天竺習聞思，
親臨藏地降眾魔，駐錫鄔堅利眾生，
現見師身妙相時，右手結作寶劍印，
左手結作召勾印，開顏露齒目仰視。
佛陀傳承眾生怙，慈悲對我賜加持，
悲湣給我把路引，密意向我賜悉地，
法力除我路途險，外部障難除在外，
內部障難息內部，密障法界自滅息，
恭敬頂禮我皈依！
唵阿吽，貝雜格惹貝瑪斯底吽！

聆聽妙寶正法時，光明遍照相莊嚴，
右手平托三藏經，左手執持概經卷，
甚深密法心中記，洋賴肖窟班智達，
慈悲對我賜加持，悲湣給我把路引，
密意向我賜悉地，法力除我路途險，
外部障難除在外，內部障難息內部，

密障法界自滅息，恭敬頂禮我皈依！
唵阿吽，貝雜格惹貝瑪斯底吽！
調伏具誓擴法時，無垢聖地心歡喜，
於尼泊爾印邊界，垂賜加持駕臨時，
芳氣飄散香積山，寒冬蓮花亦生長，
水是菩提甘露流，於彼具樂殊聖地，
大德妙相著法衣，右手執持九股杵，
左手平托珍寶盒，內裡滿裝赤甘露，
空行具誓俱降伏，親見本尊證悉地。
慈悲對我賜加持，慈湣給我把路引，
密意向我賜悉地，法力除我路途危，
外部障難除在外，內部障難息內部，
密障法界自滅息，恭敬頂禮我皈依！
唵阿吽，貝雜格惹貝瑪斯底吽！
建立佛陀聖教時，石山密林正修持，
念概騰飛虛空界，手結金剛印取回，
卷起拋入檀香林，烈火熾燃海亦枯，
昏暗外道遍地燒，雅憐那波碎為塵，
無有倫比魔殺手，慈悲對我賜加持，
慈湣給我把路引，密意向我賜悉地，
法力除我路途險，外部障難除在外，
內部障難息內部，密障法界自滅息，
恭敬頂禮我皈依！
唵阿吽，貝雜格惹貝瑪斯底吽！

調伏鎮壓羅剎時，身穿孩童變化服，
稀有妙色容顏殊，牙齒整齊髮黃美，
適達十六妙齡相，各種寶飾身上戴，
右手執持手杖橛，威鎮羅剎與妖魔，
左手緊握梨木橛，救護信解善男子。
頸項帶著鐵制橛，貌同本尊無差別，
無有差別變化身，南贍部洲一莊嚴。
慈悲對我賜加持，悲湣給我把路引，
密意向我賜悉地，法辦除我路途險，
處部障難除在外，內部障難息內部，
密障法界自滅息，恭敬頂禮我皈依。
唵阿吽，貝雜格惹貝瑪斯底吽！

欲調鬼域修法時，梅洪肖之大地上，
一箭射程湖水中，坐蓮花上似露珠，
手持蓮花靜修禪，聖名號稱蓮花生，
乃正覺佛親降臨，如此化身實稀有。
慈悲對我賜加持，悲湣給我把路引，
密意向我賜悉地，法力除我路途險，
外部障難除在外，內部障難息內部，
密障法界自滅息，恭敬頂禮我皈依！
唵阿吽，貝雜格惹瑪斯底吽！

降為藏地太陽時，超渡信眾為尊師，
於所應化而現身，藏喀拉之山頂首，
戰神居士被降伏，又在察瓦察肖地，

品性凶慢無居士，二十一人被降伏，
芒隅地方絳真寺，給四比丘賜悉地，
無比殊勝大持明，慈悲對我賜加持，
悲湣給我把路引，密意向我賜悉地，
法力除我路途險，外部障難除在外，
內部障難息內部，密障法界自滅息，
恭敬頂禮我皈依！

唵阿吽，貝雜格惹貝瑪斯底吽！

吉祥母原吉祥灘，降伏十二丹瑪女，
藏地喀拉拉山頂，降伏骷髏岡嘎鬼，
當雄拉希之腹地，降伏唐拉雅秀鬼，
所有一切大神鬼，或有俯首獻性命，
或有聽命護佛法，或有甘願做奴僕。
具咒神通大力士，慈悲對我賜加持，
悲湣給我把路引，密意向我賜悉地，
法力除我路途險，外部障難除在外，
內部障難息內部，密障法界自滅息，
恭敬頂禮我皈依！

唵阿吽，貝雜格惹貝瑪斯底吽！

佛陀聖賢正妙法，猶如勝幢建立時，
桑耶不建自然成，究竟藏王之意趣，
殊勝正士有三名。一名叫做蓮花源，
一名叫做蓮花生，一名曰海生金剛，
密名金剛勇猛力。慈悲對我賜加持，

隆欽大圓滿心髓集要

悲湣給我把路引，密意向我賜悉地，
法力除我路途險，外部障難除在外，
內部障難息內部，密障法界自滅息，
恭敬頂禮我皈依！

唵阿吽，貝雜格惹貝瑪斯底吽！

桑耶欽普修法時，排解逆緣賜悉地，
王臣安置解脫道，破滅鬼色苯教法，
開示清淨妙法身，安置有緣於佛土。
次復前赴烏丈那，鎮壓現時眾羅剎，
超人本領世無雙，舉止卓絕實罕見。
威德神通具大勢，慈悲對我賜加持，
悲湣給我把路引，密意向我賜悉地，
法力除我路途險，外部障難除在外，
內部障難息內部，密障法界自滅息，
恭敬頂禮我皈依！

唵阿吽，貝雜格惹貝瑪斯底吽！

像經佛塔引渡眾生德，蓋障普斷三界洞察明，

獲五悉地大樂殊勝身，慈悲對我而賜予加持。悲湣給
我把路引，密意向我賜悉地，
法力除我路途險，外部障難除在外，
內部障難息內部，密障法界自滅息，
恭敬頂禮我皈依！

唵阿吽，貝雜格惹貝瑪斯底吽！

弟子覺茂措傑母，為後來人傳承不斷。因而求得上述

消除法障祈請頌

經文。相續傳承信徒，要如實修祈請。若能祈請過遍，可消晝夜障難，所願定可實現，願此傳承能遇具有善根之人。

此儀規是為掘藏人喀穆波從伏藏中所掘出，

吉祥，願一切吉祥！

隆欽大圓滿心髓集要

# 初十功德祈請頌

謹向大阿闍黎第二佛，隨時隨地頂禮敬皈依，
在此善劫出世千佛眾，斷證圓滿慈悲並眾生，
但在雪山當中唯有您，恩德難以盡說眾敬信，
佛祖現見曾經作授記，雪域是蓮花生教化土。
祖孫三代法王大烏堅，所作傳記別處無所求，
師說我修我成我隨定，我見亦即佛陀所普見，
我亦善逝總集體性故，初十輪生降臨到藏土，
故此想起傳記作祈請。藏曆六月初十日升時，
降臨達那皋夏蓮花蕊，恩札菩提十二月迎請，
立為王儲念修金剛道。正月捨棄王位去寒林，
苦修禁行征服空行母。二月為漸開導信佛法，
上師札巴哈德前出家。三月薩霍國土燒活牲，
變火為水天神亦稱讚。四月烏堅國王將父母，
同時火燒所有邪蕩人，不由自主安置信仰處。
五月南方邊遠國土上，用雷殛殺仇佛外道徒。
牛宿七月在邊荒錫蘭，被外道王置於銅鍋裡，
密封鍋口拋入急流中，神變遁上虛空水倒流，
作惡國王住處欲摧毀，神情慌恐告饒求皈依。
八月外道惡人用毒食，圖謀暗殺卻未受傷害，

更顯容光煥發好風采，妻宿九月駕臨洋賴肖，
尼藏兩地鬼神雖為敵，現起金剛童身於調伏。
昂宿十月駕臨衛藏地，海波山頭降伏眾神鬼，
藏地佛法弘傳全靠您，不依他人想起生敬信。
十一月份欲赴羅剎土，施主福田議事於欽普，
預備藏地處處埋伏藏，收服地祇封作管藏神。
為此每月每逢初十日，是您成就功業喜慶節，
也是本母空行聚會日，金剛體內氣脈明點聚，
從此殊勝奇妙緣起中，四種事業均可得圓滿，
風調雨順人畜無病疫。霜雹貧窮兵難損耗等，
世間四時災苦盡所有，不失初十期供作祈請，
靠其法力息滅為現前，許諾已經到時請垂顧！
一切所有藏人信仰您，就是傷害父母無心人，
您亦慈悲憐憫無親疏，願能促發轉意立誓言，
許諾永不拋棄藏庶民，現已到時請慈悲垂顧！

此為桑耶寺名叫阿的出家人提議，由持明久美嶺巴所
寫。善哉！
唉瑪火，
三時一切諸佛慈悲藏，無餘救渡三界聖商主，
藏地一切眾生唯一親，恩德無比烏堅蓮花生，
身命財產意趣供養您，心口表裡不二作祈請。
時輪無始無終到如今，為無明業煩惱所控制，
沱落三界六趣輪回裡，從彼三苦鐵索纏縛中，

恭請上師慈悲速解脫，從今開始乃至證菩提，
苦樂善惡好壞何發生，至尊蓮花大師請垂顧！
請對誠心祈請所有人，許諾永遠不斷發慈悲，
能使聞即解脫語義果，無餘觀前眾皆親眼見。
特別終久一日死期至，色法心法分離到時機，
生死中陰解支節苦厄，夾道大怖大恐懸崖間，
請流離難不墜三惡趣，自現清淨銅色吉祥山。三身大
樂無量宮殿裡，與依怙您心應無分別，

請作救渡商主摩哈師，依處總匯大烏堅垂知！眾佛總
匯大烏堅垂知！佛法總匯大烏堅垂知！

僧伽總匯大烏堅垂知！三根本聚大烏堅垂知！
現今正值五濁世邊際，如理修習正法無空間，
冰雹乾旱饑荒瘟疫病，四時戰亂災苦遍折磨，
五大陵穀情器錯緣起，藏地有情猛生苦難時，
至尊蓮師請發大慈悲，現時打開圓滿新劫門。
究竟光明法身宮殿中，請讓三界有情皆輕安，
救出輪迴苦海得解脫。

要以感激涕淋之敬信作是祈請。

上述祈請文，是在雅隆水晶石窟大轉無量會供輪時，應親
朋好友之懇切請求，由隆欽南喀那覺，在札娘格加山下所作。

## 隆欽心髓・內修持明集要

唵，貝雜格惹毗雅達惹耶。

修此內修持明集要，需先於寂靜、舒心、向陽、草茂
林密、鮮花盛開，吉祥如意聖地，盡可能觀想出供養壇城的
資具、供物等，然後放鬆坐於墊上，以加行、正行、結行三
者齊全之甚深緣起開始修持，薩瑪雅。

祈請持明加持瀑流

普賢五佛靜猛尊，金剛薩埵金剛持，
及三種姓依怙等，佛陀意趣傳承師，
祈請對我賜加持！極善文殊妙獅子，
慧經論師無垢友，持明智慧傳承師，
祈請對我賜加持！具德等覺蓮花生，
遍智智慧佐欽巴，明聚麻哈格惹師，
祈請對我賜加持！禪定殊勝隆傑師，
獅子自在香冬師，尼奔格惹覺拜師，
祈請對我賜加持！僧蓋嘉巴梅隆多，
古麻羅雜貢欽吉，瑜伽耳傳諸上師，
祈請對我賜加持，意伏藏主欽則奧，
大德蓋希多傑等，一切持明傳承師，

祈請對我賜加持，次彼薩羅哈巴師，
龍樹哲希夏師等，印度得道持明師，
祈請對我賜加持！南喀寧波及努欽，
喬央措傑白若等，吐蕃得道持明師，
祈請對我賜加持！納孟次旺仁增師，
夏欽隆珠仁增巴，仁增喇嘛等師尊，
祈請對我賜加持！妙壇城中四灌熟，
金剛誓言本清淨，二次瑜伽達究竟，
今生願成金剛持！
以上偈句，是智美札巴為滿足察喀喇嘛仁願而作。
吉祥！善哉！

# 一、七種加行

1. 觀想眼前虛空壇城，諸佛分明現前，
以至誠信仰皈依：
南無，三寶體性諸上師，持明海眾大壇城，
　　我與無邊有情眾，一心信仰而皈依！
　　誦三遍。

2. 發心
火　今入持明壇城中，為以無量大慈悲，
　　救渡父母道六眾，發願正義菩提心。
　　誦三遍。

3. 積集資糧
火　猶如水中出水泡，智慧界中現本尊，

清楚示現首頂禮，證悟增長而獻供，
明智如量以修持，法性空了心隨喜，
大轉氣中轉法輪，於今願住大虹身，
諸善迴向童瓶身。

### 4. 驅令魔鬼

舍　情器變化壇城中，尋隙設障諸魔種，
　　受用食子速離去，如若違抗不聽命，
　　定用金剛杵摧毀。
　　誦畢，用四吽咒語，真言芥子驅打。

### 5. 修護輪

舍　情器無邊清淨中，魔障一絲也不存，
　　突然分別生亂魔，即以空性予斷滅。

### 6. 祈降智慧

吽　離戲法身宮殿裡，原始至尊普賢佛，
　　五部如來與明妃，及諸化身與眷屬，
　　歷代心傳眾上師，祈請賜我大加持！
　　幻化金剛宮殿裡，極喜文殊希寧師，
　　室僧嘉那蘇札等，歷代語傳眾上師，
　　祈請賜我大加持，調伏眾生宮殿裡，
　　八大持明蓮花生，王臣二十五賢眾，
　　歷代耳傳眾上師，祈請賜我大加持！
　　請給壇城增光華，請給修具添油彩，
　　請降大樂於我身，賜我共不共悉地！
唵阿吽，毗帝雅，達惹，唉阿，惹哩拉，拍拍，吽吽

吽，吽吽吽，吽吽吽，誦此咒語，猛奏法樂。

7.加持供品

唵阿吽　萬有一切供養雲，加持成為慧甘露，

　　　　因此內外密供品，皆現普賢大神通。

唵貝雜阿嘎木，瓦黨、畏毗、德毗、阿洛蓋、甘德、尼畏達、夏達、薩瓦巴雜惹達、瓦朗達、瑪哈蘇、喀補札阿吽。誦三遍，以為加持。

# 二、七種正行

1.觀想所依與能依等，作離戲發心

吽　本真意識空明中，勝觀現分諸緣起，

　　自然清淨大壇城，圓成歡喜無量宮，

　　四方四門具法相，名義標誌三圓滿。

　　內外圓滿當中間，殊妙蓮花日月上，

　　剎那念滅吽字中，出現諸佛真實體，

　　威鎮情器蓮花生，一頭兩臂膚紅白，

　　為表三乘圓滿相，身著密袍與披風，

　　右手舉著五股杵，左執顱缽長壽瓶，

　　頭戴蓮花五佛冠，左腋合抱拉薑妃，

　　國王坐姿顯神威，頭頂虹光明點間，

　　極喜金剛報身相，分明鈴杵置胸前，

　　報身頭頂原始佛，雙身普賢體色藍。

　　外轉八瓣蓮花上，五彩光鬘繞一圈，

　　中間福德八持明，皆作四嚕迦裝束，

兩手擊鼓搖法鈴，　雙臂前交抱明妃，
一腿懸提作舞狀，　四方四色四邊藍，
八大法行自性現，　中間印藏眾持明，
王臣二十五賢徒，　裝束姿態各有別，
金剛舞步任變化。　上方六續與四部，
本尊勇士空行眾，　芝麻堆狀坐簇擁，
外緣七十位華貢，　二十八位自在等，
護法具誓以風暴，　四方四大骷髏鬼，
皆是現空變現狀，　分明無染自然成。
三處出現三字相，　成三金剛杵自性，
金剛杵放光明故，　自性法界殊勝處，
西方鄔金化身土，　八大寒林修法處，
特別妙指朗嘎洲，　銅色吉祥山等地，
持明壇城所居神，　迎請降住此壇城。

2.迎請

焚香奏樂，心情激昂，放聲祈請

吽　前一時劫開始時，　鄔金國境西北隅，
　　一株蓮莖花胚上，　證得殊勝妙悉地，
　　聖名號曰蓮花生，　持明大德空行母，
　　紜紜眾多似海聚，　我今隨尊而修持，
　　為加持故請降臨，　對此聖地降加持，
　　勝修授我四灌頂，　消除魔難與邪引，
　　賜我共不共悉地！

唵阿吽，貝雜格惹胺瑪托承札，貝雜薩瑪雅雜雜。

3. 入坐

吽　善巧所坐此壇城，智慧界中所請佛，

持明上師壇城眾，無二歡喜請入坐！

貝雜薩瑪雅底恰。

4. 語頂禮

吽　本尊即我我本尊，自然化現壇城中，

善惡取捨雖無有，今以緣起語頂禮！

阿德布號，札德叉號。

5. 殊勝獻供

唵阿吽　內外情器供養雲，急需妙欲共五種，

吉祥八物七種空，藥物食子鮮血漿，

嬌媚含笑眾舞女，大樂明妃十萬眾，

所供能供供養境，智慧界裡本清淨，

供養大印明妃等，獻給持明聚會尊，

敬請受用此供品，賜我加持與灌頂！

吽貝雜阿嘎汁、瓦黨、畏毗、德毗、阿洛蓋、甘德、尼畏達、夏達、如巴「夏達、甘德惹薩、薩惹巴希阿吽，薩瓦巴雜哇、朗達恰、麻哈蘇喀達、瑪達杜阿吽。」

6. 禮贊

舍　本真離戲上師是法身，大樂受用上師是法王，

蓮花降生上師是化身，禮贊以上三身金剛持！

大樂之間得證大成就，八大寒林修持悟正道，

無量壇城大海任主宰，禮贊至聖八大持明眾！

意趣悟境寬廣遊虛空，色身變化禁行度眾生，

隆欽心髓・內修持明集要

無上金剛心髓作命根，禮贊王臣二十五賢徒，
復次持明化現壇城中，誓悲所請三根本本尊，
從智慧界變化使者眾，壇城一切佛尊致禮贊！

7. 明晰咒義

心間蓮花日月上，藍色吽字四周圍，
咒文如梳外邊繞，光明淨化情器界，
修成清淨神間眼，不證佛果不鬆懈。
唵阿吽貝雜格惹貝瑪斯底吽。

修持如像流水，務要連綿不斷，中間偶誦一聲吽字，聲音要綿長而動聽；讓意念任其自然，不受拘束，後得收縮成串。如是守護之瑜伽，要由持明海眾作加持，佛母空行作授記，來世無疑能達妙拂吉祥山。薩瑪雅！

《密簽》中說，先念修十萬遍後，復修持明修命心要，前是唵字，後放吽字，中間十二音節作裝飾，此為持明修命之核心。唵阿吽，貝雜麻哈格惹薩爾瓦斯底吽。誦此咒語一百二十萬遍，能得成就。

## 三、會供次第

擺供世俗妙欲，特別不可缺少新灑、新肉。

1. 加持

吽　我心現出讓央康，淨化會供諸過失。
以唵阿吽化甘露，妙欲增長遍虛空。
讓央康，唵阿吽。

2. 迎請資糧田

吽　於色究竟天剎土，西方鄔金變化洲，
　　特別妙拂吉祥山，八大屍林尊聖地，
　　集會持明眾本尊，迎請降臨赴會供！
　　屍林殿堂令人喜，空行大眾儀容美，
　　瑜伽男女戒行淨，妙欲會供好光澤，
　　請臨會供降加持，賜我共不共悉地！

3. 獻新會供

吽　向三根本持明海，空行護法與具誓，
　　獻上妙欲諸供品，請賜共不共悉地！
　　嘎那雜札，布劄喀嘿。

4. 中間懺悔

吽　我從無數代開始，便入密教大乘門，
　　根本支戒有過犯，以此妙供作懺悔！
　　貝雜薩瑪雅阿。

5. 驅遣

吽　無明業煩惱二取，所生我執眾仇敵，
　　請現色身乃支雜，本體驅逐去法界，
　　軀體獻它作會供。
　　如札薩瓦，哈拉巴咋，布劄喀嘿。

6. 迴向殘食

吽　住大壇城之邊緣，自在骷髏朗嘎鬼，
　　此殘食子請受用，護持我今修瑜伽！
　　哦則劄巴，朗達喀嘿。

### 7. 摧請立誓

吽　請起持明總持尊，請從法界現身形，
　　請伏修習菩提障，請消情器五大衰，
　　氣脈不調請復原，使我修持得成果！

### 8. 補課

吽　前世兜率大樂剎，天界三處喜樂園，
　　宣示密乘續部時，金剛密乘眾護法，
　　列入本尊行列中，中間雪域藏土上，
　　蓮花頭鬘阿闍黎，大轉密乘法輪時，
　　世間九大神鬼眾，性命被奪記史冊。
　　後於光明清淨剎，大樂任運宮殿裡，
　　斑迥智美吾色師，讓持明貝瑪旺欽，
　　獲得深廣悟境安，智慧界之空行母，
　　賜予明慧言語時，猶如奪命羅睺等，
　　護法聽命許諾言，請用供品美食子，
　　四種事業去承辦！

### 9. 丹瑪扶助

吽　聽命守護雪域土，姐妹十二丹瑪女，
　　請來飲用水食子，所托事業請辦成！
　　瑪瑪舍舍，瓦朗達喀嘿。

### 10. 馬頭明王誓言

吽　持明諸佛壇城中，壓住邪引怨鬼眾，
　　使其永世不超越，密咒九乘範圍網。
　　索德巴雅南。

隆欽大圓滿心髓集要

11. 取悉地

火　持明壇城眾神靈，念修誓言已圓滿，
　　金剛薩埵明現前，賜降悉地到時機。
　　於身語意壇城中，無住智慧最勝密，
　　用三金剛作加持，共與不共勝悉地，
　　現即賜授我證得！

唵阿吽，貝雜格惹貝瑪托承雜，貝雜薩瑪雅雜，迦雅
瓦迦孜達，阿拉拉，斯底呸拉吽。

12. 懺悔過失

吽　持明聚會壇城裡，供品不全修鬆散，
　　禪定掉舉覺昏等，逆亂過失請寬恕！
　　接誦百字明。

13. 攝略圓滿次第

火　猶如水中冒水泡，自身化出壇城佛，
　　智慧界中自進入，後得幻身化本尊。

14. 引薦發願迴向

火　三時積蓄諸善根，迴向遍智本體因，
　　我與觀想諸本尊，集聚一體願成佛！
　　誦三遍。

15. 說吉祥

火　持明傳承大加持，佛法三寶之真諦，
　　至深密乘之加持，息滅八怖畏吉祥，
　　福壽圓滿得吉祥，現見任運得吉祥，
　　斷除邪引得吉祥。執著修成本尊印，

回聲淨化大樂咒，雜念成就光明身，

　　虹身直達得吉祥！

　　唉瑪，如是深妙要義，是集諸多思想精華，在隆欽密意光明宮殿中，所奏出之金剛語言音樂。雖決心想隱秘之，但因持明空行再三摧請，為後來有緣弟子，才寫下如是文字，請牢記於心吧！薩瑪雅。

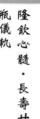

# 隆欽心髓・長壽甘露瓶儀軌

頂禮無死持明身，示顯長壽甘露瓶精華。

觀想在僻靜地方設立的供臺上，用各種彩土和靛藍搭配做成壇城。壇城中央有方台，中置長壽瓶，右置長壽丸，後置長壽箭，左置長壽酒，前置長壽朵瑪，以作供品，圍繞四周，我與所修本尊一體無二。按持明大眾修法，至讚頌後，揭開雜康（供台護物）。

舍　長壽持明蓮花生，威鎮萬有心輪間，
　　世尊依怙無量壽，紅明報身擁佛母。
　　手執紅蓮花寶瓶，胸前日月佛盒裡，
　　裝有精華命吽字，四周咒鬘連環繞，
　　光照動靜兩世間，世間諸佛與持明，
　　以及仙人壽精華，攝收一起成元氣，
　　周身一一毛孔中，皆為無量壽充滿，
　　各個猶如蜜蜂巢，發出動聽吽音聲，
　　願成無死大持明

口中如是念誦，心中同時觀想，氣息緩慢，與寶瓶結合（修寶瓶氣）。誦根本咒：唵阿吽，貝雜摩訶格惹阿育甲那，摩訶微乃彩，哲木乃雜，薩瓦斯底吽！

座間持明攝壽。將長壽箭從供臺上取出，放置面前，以

強烈渴望心情念誦：

　唵　自現銅色吉祥山，五具自然宮殿裡，

　　　世尊怙主無量壽，虹身持明眾隨從，

　　　催動心意請降臨，攝收無死空精華，

　　　待從識界分離出，旋聚自在母境界。

　　　樹起不變生命柱，對此壽箭長功力，

　　　修物化作壽甘露，賜我無生死成就！


接念根本咒。

　吽　東方持明吽迦拉，請在我心中現起，

　　　收集五大水精華，待從血界分離出，

　　　儲聚麻麻格境界，樹起不變生命柱，

　　　對此壽箭長功力，供物化作壽甘露，

　　　賜我無生死成就！


接誦根本咒。

　達木　南方持明曼孜室，請從文殊身現起，

　　　　收集五大土精華，待從肉界分離出，

　　　　儲聚佛眼母境界，樹起不變生命柱，

　　　　對此壽箭長功力，供物化作壽甘露，

　　　　賜我無生死成就！


接誦根本咒

　舍　西方持明納嘎孜，請從蓮語界現起，

收集五大火精華，待從暖界分離出，
儲聚白衣母境界，樹起不變生命柱，
對此壽箭長功力，供物化作壽甘露，
賜我無生死成就！

接誦根本咒。

阿　北方持明札巴哈，請從業概界現起，
收集五大風精華，待從氣界分離出，
儲聚誓言度母界，樹起不變生命柱，
對此壽箭長功力，供物化作壽甘露，
賜我無生死成就！

接誦根本咒。

咋　東南持明達那桑，放咒威攝持禁行，
請用能聚智慧鉤，鉤住漂遊之壽命，
樹起不變生命柱，對此壽箭長功力，
供物化作壽甘露，賜我無生死成就。

接誦根本咒：

舍　西南持明毗瑪拉，奉行壽自在禁戒，
使用臨終智寶索，收集散離延短命，
樹起不變生命柱，對此索箭長功力，
修物化作壽甘露，賜我無生死成就。

接誦根本咒：

榜　西北持明絨布格，威鎮傲氣奉禁戒，
　　使用空性智鐵鍊，奪回神鬼所竊命，
　　樹起不變生命柱，對此壽箭長功力，
　　修物化作壽甘露，賜我無生死成就。

接誦根本咒：

火　東北持明恒丹嘎，奉行猛詛咒禁戒，
　　使用中觀智法鈴，收回囚禁之魂命，
　　樹起不變生命柱，對此壽箭長功力，
　　供物變作壽甘露，賜我無生死成就。

接誦根本咒：

阿　五大界裡漂流時，五明妃界作印證，
　　五種佛智無生滅，五佛身界藏壽命，
　　五部如來也不見。
　　達瑪達杜貝雜惹迦喀。

誦畢，以離戲狀態處之。薩瑪雅。神咒等持觀修要點，即此殊勝於一切法要持明長壽甘露瓶精華，為使他與信徒之命銜接，現已示現為隆謝空行的語言，願按時行持利生之事。格雅，達特木。

若為他人作長壽灌頂，弟子需先作洗，遠離魔鬼障難，修持護輪，獻曼札，述說經歷，皈依發心，懺悔過失，然後如是祈請：

無死依怙蓮花生，碰到恐怖危性命，

請以大悲作念護，賜壽灌頂與悉地！

連誦三遍，以羯磨水淨化弟子，使成上師。

頭頂雙身無量壽，等持和合雙身間，

大樂菩提甘露降，周身陶醉喜樂中，

觀金剛命得灌頂！

焚香奏樂以降智慧，誦「底叉貝雜」予以堅固，接將長壽瓶置弟子頭頂。

舍萬有寶瓶童子身，長壽精華氣滿盈，

灌頂授予有緣徒，願成無死金剛命！

接誦根本咒，再誦「瓦噶阿比柯嘉唵」！取甘露觸受灌者喉際。

舍大樂五母女陰間，無死菩提甘露聚，

賜予有緣善男子，願得無生死灌頂！

接誦根本咒，再誦：瓦噶阿比柯嘉阿。取長壽丸置受灌者胸口。

舍動靜世間與十力，精氣彙聚長壽丸，

賜予有緣善男子，願得金剛命灌頂！

孜達阿比柯嘉舍。

隨後，攝壽印證，酬謝上師，信守誓言。由具慈悲阿闍黎，對具敬信弟子，用此儀規不管由誰來作灌頂，都能起死回生。持明詛咒威力無比，即便為咒所縛也不必驚慌，因此，要珍惜如心。請護法姐妹作護持。薩瑪雅、嘉嘉嘉，（密密密），願一切吉祥！

# 隆欽心髓·修心華欽
## （本尊）集要

毗雅達杜札，麻哈室布支達。頂禮華慶四嚕迦！

未來後五百年時，邊地野鬼、部多，跟中土魔鬼相作伴，鑽入僧人心中行不善，潛入善男心中增惡業，入夢大德夢鳥猴，神不安悶氣煩悶。即時對治需要大力神，通常善巧調伏不可能。因此外菩提心內持明，密修猛屬閃現之本尊，用如來圓滿八修部，華慶集聚此修法，調伏邪引無疑問。需極守秘自現證，為利佛法眾生壯心志。

祈請華慶傳承

雙身普賢殊勝四嚕迦，多吉曲與堪卓賴吉旺，

葉迦希寧龍樹寧波師，祈請賜我共不共悉地！

札欽哈底達那桑智達，智美希寧古雅贊札且，

希微寧波貝瑪托承師，祈請賜我共不共悉地！

健白多吉倉畢梅朵等，八大持明心語及耳傳，

三具受教根本之上師，祈請賜我共不共悉地！

四壇城作四灌相續熟，於四持明道上四障除，

智慧上師聖地普賢前，加持今生此世得現見！

（以上為久美嶺巴所作，善哉！）

薩瑪雅，先於寂靜悅心處，尋一得道師曾經涉足之地，最好是荒僻墳場。做一十輻輪壇城，門戶法相具足。在壇城

中擺設修法資具，此如顱骨、本尊、咒牌、檀木或梨木橛等等。若要排場，可按《修文》進行，或者以橛為主也可。所需藥物、朵瑪（食子）、鮮血，以及壇城裝飾物品，要如數擺好，然後端正身軀，放鬆坐於軟墊之上，閉關靜修。

## 一、皈依

吽　一切如來皆以三寶相，顯現華慶會集體性上，
　　聚樂作者菩提心本尊，我今自知面目而皈依！
　　念誦三遍。

## 二、發心

吽　空性境界等寂無偏執，未悟執迷我執亦是魔，
　　為度趨入光明法身界，發心修持華慶諸本尊！
　　念誦三遍。

## 三、積蓄資糧

火　金剛上師桑吉華，稽首三時永住世，
　　三寶依居之剎土，謹以無二心皈依。
　　供品用意現化作，清淨供養請受用！
　　阻斷成就瀑流魔，惡作無餘皆懺悔。
　　十方三輪清淨法，不作偏貪隨後喜，
　　清淨四邊無污垢，因發圓滿菩提心。
　　善逝自在有情眾，為其三需我獻身，
　　歷數世代種種業，會集迴向大菩提。

## 四、施食厲鬼

吽　我乃是為總華慶，設障阻礙修菩提，
　　作害邪引眾厲鬼，受用食子速離去！
　　如若違抗不聽命，定讓頭顱裂成塊，
　　身軀摧毀變塵埃。

誦畢，用猛咒、火堆、芥子驅趕。接誦：唵貝雜麻哈卓達貝瑪，卓達肖日，貝雜格哩格拉，雅麻哈，雅恰迦拉，如巴噶瑪讓讓，雜拉讓吽呸。

## 五、閉關護輪

吽　我乃忿怒金剛目，放光熾燃成日月，
　　心中明王冒火焰，三千界滿火變化，
　　周邊兵刃紛亂動，無我空寂以閉關。

唵，蘇雅贊札，貝雜卓達，左拉讓讓，剳札杜德，麻哈卓達薩瓦德章，唉吽呸。

## 六、入門語，頂禮悔過立誓

吽　無明白翳需靠智簽分，心性證為本尊語頂禮，
　　法身境界懺悔違誓過，為得華慶命故永不懈。
　　阿拉拉火。

## 七、降福情器

吽　華慶集聚眾本尊，法身境界發悲憫，

報身色相任變化，化身壇城為依止，

顯示灌頂降福相。

唵如嚕如嚕，吽色雅吽呸，薩瓦薩瑪雅，阿白夏雅，呸呸。

# 八、加持供品

吽　法界智慧三字降為雨，

淨除供品不淨洗食子，

（仲）生珠寶（阿）生顱缽裡，

內外密供變作供養雲。

唵貝雜阿貢，巴雅、補希、德拜、德旁、甘代、如巴、夏達、甘代、惹薩、巴希薩瓦、補雜阿吽。誦畢，以藥物、食子和鮮血之咒語加持。接誦：唵阿吽，薩瓦巴雜阿木達，吽舍塔。唵阿吽，党德佐巴朗達，巴拉巴德，，格哈雅薩，麻耶娑哈。唵阿吽，麻哈惹達，薩曼達，曼札吽呸。

# 九、卵生修習廣大生起次第

吽自然明智無我本性中，種種遊戲遍現大悲潛，

因之明智用（吽）淨情器，轉依變為五股金剛杵，

刹那變現因之四嚕迦，現於無喻五界佛母空。

從心分出唉央惹桑蓋讓，（唉）生虛空從（央）生

出氣，

（惹）生鮮血（桑）中生人皮，（蓋）生骨骼層層

須彌山，

讓生熾盛劫火威猛界，（吽）生天雷金剛大岩山，

虚空天界降下五（仲）字，仲惹那貝雜加那雜札
　　曼札仲，

吽　字轉依化作大壇城，外是珍寶內是顱骨堡，
　　四方四門合量其法相，格那多惹牌坊有八層。
　　法輪祥麟傘蓋摩尼頂，外部珠寶疊砌作基礎，
　　水簷女牆樓閣金剛頂，內是寒林變化無量宮．
　　週邊八大屍林金剛帳，劫火蔓延呼呼燃燒中，
　　兜率天界大密遊戲宮，怖畏天雷八輻輪中間，
　　大樂普賢佛母智慧界，九大力士足踩眾畜生，
　　無染蓮花陰陽日月明。

如札卓德，德惹旺，榜、貝瑪麻達拉；麻蘇雅麻達拉；
阿、贊札麻達拉。

吽　自性因之四嚕迦，從智慧界降座壇。
　　平等和合大樂聲，供養汙穢利他人。
　　通變界之四嚕迦，殊勝金剛托承雜，
　　三頭六臂膚深藍，四足邁開力士步，
　　魔王四妖頭上踩，右首面孔為白色，
　　示顯嘲笑呵斥相，左首面孔是紅色，
　　咬牙切齒恐嚇相，中間面孔作藍色，
　　威嚴恐怖明王相，五佛聖體居頭頂，
　　金剛鵬鳥頭上飛，九目捲舌露獠雅。
　　第一右手金剛杵，第二右手持天杖，
　　第三右手捧火苗，第一左手捧血缽，
　　第二左手持鐵犁，第三手持九頭蠍。

屍林吉祥物具足，仰面佛母抱普賢，
右手而挾持天仗，左手持愛欲紅螺，
皮膚青色具莊嚴劫火熾燃境界裡，
住於四喜大樂間，華慶雙身和合中，
於彼八方輪輻上，散射藍色之（吽）字，
飲血雙身師徒生。吽吽吽吽吽吽吽，
大（吽）字咒發音聲，明王壇城任運成，
如劫火燃境界中，顯自生智明王眾。
東邊金剛藍明王，右手執持金剛杵，
左捧顱缽盛鮮血，合抱金剛卓德肖日母。
南方文殊黃閻摩，右邊手中持棍仗，
左邊手結恐嚇印，合抱拜達薩協羅剎母。
西方華慶紅馬頭，右邊手中握寶劍，
左邊手中持蓮花，合抱蓮花具光超婕母。
北方金剛綠童子，一手拿著金剛杵，
另一手握鈴與概，合抱輪回施印吉祥母。
東南無上四嚕迦，周身皮膚深藍色，
手舉鵬鳥死桎仗，佛母尼希勝樂母。
五部空行母隨侍，西南持明白金剛，
右邊手中持顱仗，左邊手中執法鈴。
合抱大樂瑜伽母，西北札巴貢杜藍，
右手邊中執鐵錘，左邊手中持長矛，
合抱三界世間母，東北具力大黑天，
右邊手中握鐵鉤，左邊手持蛇套索，

合抱五蘊母明妃，身軀齊天壓欲界。
眾皆四種姓為侍，大天男女足下踩，
法性不變眾佛母，各個體膚呈藍色，
手執月刀與顱缽，雙臂合抱明王佛。
外部門衛四種姓，鐵鉤鐵鍊索與鈴，
分別各自手中握，九部壇城之本尊，
七百二十五神眾，出現猶如日放光。
體色手幟與裝束，分別顯現大圓明。

## 十、灌頂

吽　自身所現華慶眾，為達咒力圓滿故，
　　對身語意作加持，賜予智慧五灌頂。
　　唵阿吽，唵吽娑舍阿。
　　想從自己頭頂月輪上現起（唵）字，喉間

蓮花上現起（阿）字，心間日輪上現起（吽）字，放
射光明，迎請十方諸佛融入三字。三字生起變化，所現一切
諸佛身語智慧，以二十種形象，於金剛體性上證得菩提本
尊。其頭頂有白色大日如來，手持法輪；喉間有紅色阿彌陀
佛，手持蓮花；心間有藍色不動佛，手持金剛杵。以此三佛
為印，成就基、道、果圓滿功德。接以五股、三股和單股
金剛杵手印碰觸住所各處，口誦：唵薩瓦達他，嘎達麻哈，
迦雅貝雜娑巴哇，昂麻皋厄杭。如是再誦：唵薩瓦達塔，嘎
達麻哈，瓦迦貝雜娑巴哇，昂麻皋厄杭。唵薩瓦達塔，嘎達
麻哈，孜達貝雜娑巴哇，昂麻皋厄杭。

再於頭頂各處，以五佛灌頂印記，口誦：唵麻哈秀雅達，加那貝雜娑巴哇，昂麻皋厄杭。唵麻哈阿達夏，唵麻哈薩瑪達，唵麻哈札帝，雅毗恰那，唵麻哈支達雅，努叉那，加那貝雜娑巴哇，阿達瑪，皋厄杭。於頂輪五處，以雙身灌頂本尊熾盛愛欲化大樂水流，作菩提心受用灌頂，淨除五毒煩惱垢汙。將五蘊想作五部如來，對遍計所執，以依他印證。

剩餘之水，溢於頭頂之上，由此出現與依他已得圓成印證智慧不變之標誌──半金剛杵和部主無量光佛莊嚴頂首，想自己願望，作如下祈請：「願心間現大光明，照向十方一切如來遍滿虛空壇城四周！」貝雜薩瑪雜。

## 十一、迎請

用人脂滲合香料燒護摩，配以奏樂念誦：
吽　色究竟天法界大樂剎，九界智慧任運自在舞，
　　廣大文武聽命八華慶，為調罪惡此地請降臨！
　　唉哈雅嘿雜，吽旺火，薩瑪雅，尚尚雜雜雜。

## 十二、請入坐

吽　一切不淨現分化清淨，皆現所依能依圓輪上，
　　此觀變化勝剎歡喜地，誓智無二體性請安住。
　　薩瑪雅，阿拜夏雅底叉。

## 十三、頂禮

吽　自生自現變化壇城裡，善惡二執分別雖清淨，

謁見自性法身手印語，我今無取無捨而頂禮！
阿底布火，那瑪雅德。

## 十四、手印舞供

吽　媚勇怖畏是身舞，粗魯笑罵是語舞，
　　慈悲文靜是意舞，自然九舞請受用！
麻哈木札布雜火。

## 十五、智慧歌供

吽　十六歡喜金剛歌，智慧與歌相結合，
　　從自生起供自己，無分別智請顯示！
麻哈雜那德德吽，德那德德吽。

## 十六、五供妙欲

吽　五種供品諸妙欲，現作五官妙莊嚴，
　　獻此供養大手印，願諸華慶眾歡喜！
唵，室貝雜薩巴日瓦，惹杜拜吽，補恰拜章，阿洛蓋舍
甘德火，尼微帝雅阿，夏瓦達，吽，薩巴布雜，薩瑪雅火。

## 十七、於住處清淨三毒供

吽　貪欲血液瞋恚身，愚癡肌肉是三毒，
　　原始三身狀態中，從自現起自解脫。
哈拉貝雜補火。

# 十八、藥供

金剛誓言為稀有，跟八千脈相融合，
是調六因苦甘露，五佛為五智真實。
唵阿吽，薩瓦巴雜阿摩達，吽舍叉。
空明雙身現空四嚕迦，曲吉多傑堪卓賴吉旺，
持明聚會上師壇城裡，獻上嘗即解脫妙藥供！
薩瓦貝雜阿摩達，喀讓喀嘿。
健貝多吉赤松德贊王，八大持明有緣清淨徒，
七種傳承心間伏藏主，獻上嘗即解脫妙藥供！
薩瓦貝雜，阿摩達，喀讓喀嘿。
等同伏藏大師無分別，一切部主菩提金剛等，
獲得勝道傳承眾上師，獻上嘗即解脫妙藥供！
薩瓦貝雜，阿摩達，喀讓喀嘿。
法海密意精華此妙道，成熟解脫說續授口訣，
三位恩德具足根本師，獻上嘗即解脫妙藥供！
薩瓦貝雜，阿摩達，喀讓喀嘿。
九圓智慧飲血壇城尊，美德護法世間傲慢軍，
七百二七桑耶自然神，獻上嘗即解脫妙藥供！
薩瓦貝雜，阿摩達，喀讓喀嘿。

# 十九、取成就

顱缽甘露精華中，一切諸佛身語意，
現唵阿吽三字種，誓言手印取對治。

迦雅斯底吽，瓦迦斯底阿，支達斯底吽。
拇指與食指作日月狀而取。

## 二十、供聖物食子

吽　女陰寬口食盆中，陽物食子鮮妙欲，
　　金剛所食誓言物，妙哉妙哉喜受用！
　　摩訶巴朗達喀嘿。

## 二十一、供血

吽　連發海螺顱缽中，滿盛貪瞋自滅血。
　　為於輪迴處清淨，無有取捨請受用！
　　摩訶惹達喀嘿。

## 二十二、懇求秘甘露

吽　佛與明妃為二因，用四印緣相交合，
　　五毒所化之藥物，頭份肉酒甘露供。
　　摩訶貝雜阿摩達，雜嘎補雜火。

## 二十三、雙修供

吽　猛厲摧動大金剛，順利入於蓮花城，
　　諸本尊眾皆歡喜，痛苦融入大樂中，
　　無我分別入法爾。
　　雜吽榜火，達那嘎那補雜火。

# 二十四、讚頌

吽　醜陋羅剎身軀弄媚顏，發出猙獰金剛嘲笑聲，
　　殊勝寂靜意趣慈而嚴，九舞威鎮三地讚頌你，
　　金剛顱血貪瞋融空寂，天杖鐵犁摧毀三毒昧，
　　火蠍調伏尋思非人敵，與無尋思我慢致贊禮！
　　法身永固不變體色藍，頭是三身手為六種度，
　　雙足乃是四無量自性，妙相功德圓滿身贊禮！
　　一法性具智慧九界用，慶化界顯極喜忿怒相，
　　嬉戲神變不盡熾燃身，七百二五壇城神禮贊！

# 二十五、咒義

念與修和合

1.寂靜念修

　　想我即聖雙身佛，聖心光明幻網間，
　　明空雙運日月上，合面雙身佛普賢，
　　金剛跏趺和合印，心間一切如來佛，
　　性命三字重疊明，從其放光照萬有，
　　五智慧中證成佛。

以世出世間一昧之見，觀想唵阿吽（ༀ ཨཱ ཧཱུྃ）為三種姓一切大自在和一切佛祖師。於一切無量佛壇城，以如來一修周遍方式，念修三千萬遍。欲一生求菩提者，對此需常認真修持。若於未來嫻熟咒語，五蘊可達光明身。薩瑪雅。

## 2.修明王

> 智慧明王與明妃，心間蓮花日月上，
>
> 金色九股金剛杵，中股禪定薩埵（吽）。
>
> 另八股前依次第，首尾二者中間六，
>
> 均皆觀看心間吽，極其微細放光明。
>
> 唵格惹舍，貝雜雅恰，卓達孜達吽。

此時本尊示現光明，光澤閃動，漸近圓滿清晰（或譯為本尊漸趨明現，行者需掌握自心，不要散亂）。接誦：

> 各自密咒文字中，出現咒鬘成連環，
>
> 自佛進入明妃口，經過體內空密處，
>
> 趨入金剛摩尼道，融進命字吽旋轉。
>
> 以此大樂道光明，供養諸佛聖悉地，
>
> 全皆攝聚融自身，吽字復又放光明，
>
> 淨化眾生業煩惱，普皆得此華慶位。

先以勝解安立，當本尊、淨土、法性三者集於一點時，於自覺實際色究竟天，證得佛位無疑。吽吽吽，天眾集散雖無量，主尊唯一之神變，若於華慶性命得灌頂，不修可現陳列之法輪。念誦：唵貝雜贊札，薩瓦杜康札，達迦哈那達哈，巴雜吽呸。

> 眾神皆搖鈴誦咒，吵聲猶如巨雷鳴，
>
> 五彩光明照三界，病魔息滅壽德增。
>
> 三界歸服超所緣，想得持明四種位。

主咒每字念誦十萬遍，其他加四倍，總念十分之一即可，此是上師本尊法，修之能速得加持。主尊等四嚕迦續部

精華皆聚其內，不觀待業力，是從華慶命中所奪，故較靈
驗。只要灌頂相續不斷，具七種傳承者修期必短。一切大密
續部，全皆彙集於八大修部之中。八大持明四學士，上下如
象大海深，對於難度此海愚笨者，此修法精要莫授予他人。
隱密吧！

3. 業加行

剎那天雷金剛杵，九尖遍滿三千界，
空心杵管當中間，九華慶誦威猛咒。
上八股之核心位，佛尊身穿降魔服，
四祖眷屬侍身旁，股間八持明大德，
頭戴佛冠穿咒衣，手結威猛恐嚇印。
仙人詛咒業裝束，皆發（雜泊呸）之聲，
奮行勾誅遷三業，下股九尖直刺入，
九種厲鬼心房間，把柄八輻輪腋下，
變化鐵蠍在舞動，利刃旋轉於左邊，
作害邪鬼皆砍倒，屍體毒蠍爭搶食，
邪引作怪敵與鬼，特別厲鬼九兄弟，
引火焚燒作觀想。

唵阿吽，貝雜雅恰卓達，薩瓦杜章，哈那哈那吽呸。

在未來劫末，行持密咒而離三昧耶，必為厲鬼所治；凡
事胡作非為，全從我執見生起，摧毀此等因果，除以此對
治，別無他法。殺死動物，推倒天山，是傲慢歸服的標誌，
訴諸實修，用心明察，禪定不具害自身，智者對此要體昧，
厲鬼厄運咒概等，皆引轉向善道，調伏障難無疑。

以下為資糧次第

吽才華慶心現讓央康，光淨實執資糧物，

情器大樂顱缽血，變作五佛之聖物。

唵阿吽，哈火舍。

1. 迎請

吽　色究竟天法界宮，九支受用圓滿刹，

　　自性化身佛淨土，華慶壇城諸本尊，

　　聖地與附近聖地，遊樂土與近樂土，

　　刹土與鄰近刹土，集聚與附近集聚，

　　參道與鄰近參道，此是四嚕迦十地。

　　大屍場中之寒林，奧支雅那堆蓮花，

　　薩霍國土杜鵑界，桑哈地方身圓滿。

　　迦濕彌現大威德，尼婆羅國雅瑪喀，

　　吐火羅國演大密，于闐國證世圓滿。

　　駐錫八大屍林處，請眾勇士與空行，

　　力行瑜伽護方神，迎請降臨赴會供！

　　此供堂是變化刹，供品妙欲閃光澤，

　　善巧智慧相交融，金剛歌舞亦壯觀。

　　擊鼓搖鈴聲動聽，飾此三昧耶聖地，

　　無宅無諍無吵雜，潛心專修氣氛濃，

　　此三昧耶請承受，賜我共不共悉地！

格惹帝瓦，札迦札格尼，達摩巴拉，薩瑪雅雜。

2. 開首獻新

吽　佛陀三昧耶無上，五肉甘露共五種，

啖食飲料外會供，妙欲天女有五種，

五根受用內會供，樂空智慧高無上，

四喜受用秘會供，獻供壇城佛受用，

祈賜灌頂與悉地，嘎那雜札補雜火。

### 3. 中間懺悔

吽　何人沉溺錯亂從彼始，異熟所依色身於爾時，

十種不善五種近無間，十六重罪八種邪妄等，

聲聞獨覺菩薩與持明，三戒誓言過犯一切罪，

今於此處依止會供輪，無有隱藏誠心作懺悔，殊妙清淨悉地請賜我！

接誦大威德（四嚕迦）百字明。

### 4. 末屬誅供

不越（厄）字世間黑洞內，無明錯亂纏縛我見敵，

智慧空界遮障二取魔，請用大淨明智鐵勾捉，

請用等持套索將它縛，請用勝觀連環網套住，

請用後得無幻鈴麻醉，五蘊軀體一切所近取，

請用證無我刀猛切割，送入無生忿怒天眾口！

芒薩惹達，孜達皋繞雜那，巴蘇達，根尼日德達那，雜札補雜，喀喀喀嘿喀嘿。

若大修時，在此需以滿願金剛散歌還願。

接作餘修，將食子、供物等置於人皮上，用四嚕迦誓言印記之水噴之，以（阿迦饒）予以加持，同時唱放逐歌：

吁嗟　首次何以新作供？華慶乃是主壇城，

中間何以作懺悔？因具瑜伽誓言嚴。

末尾何以作誅供？為以證悟誅我續，
現在何用餘物供？母眾自在骷髏鬼。
三百六十名使者，皆是華慶之化身，
剩餘口水因何灑？為使誓言合一起。
王何必居民之上？為促所托事業成，
民為何故要犯上？乃因暴政勞役苦。

吽　清淨自性寂靜中，變現有壞華慶尊。
方便智慧雙密中，主宰護持全壇城。
汝等往昔雅岡金，手持心肺與內臟，
分辨善惡探佛堂，咒力神變無限量，
往日華慶四嚕迦，誅滅三毒如札時，
記得立誓曾許諾：於彼羅剎覓食道，
受用神饈護佛法，所托事業請成辦！

### 5. 摧請承許

吽　無往智慧法界宮殿裡，受用圓滿靜猛明王尊，
今摧心意請念利生事，即是本尊自性如來藏，
偏執無明心性未授記，從依五門對境聯繫中，
飄流六道五續處所眾，因為諸業煩惱力逼迫，
經受成熟眾苦於外境，兵病災荒魔障怨敵鬼，
八大怖畏十六恐嚇等，請用威猛誅法消滅盡！
執邪分別為實有情眾，除非因果他乘難教化，
自然智慧證業請成辦！

### 6. 補充念誦 '

吽　三時清淨普賢佛時節，圓成智慧正妙兜率宮，

收攝心法清淨大導師，向眾無覺無性眾信徒，
宣示佛陀意傳大圓滿，語言難詮三瑜伽法時，
名聲顯赫導師十二人，極喜勇士持密多吉曲，
語傳持明成就諸大德，依照師徒一心得灌頂，
八供自解食子受用後，迷亂本淨事業請成辦！
往後密乘佛教產生時，兜率具喜須彌山王頂，
號稱三天界之神聖土；香拔拉與鄔金薩霍國，
僧伽羅與天雷霹靂峰，壘壘聚樂巨大佛塔上。
持明三藏全皆降落時，世出世間一切空行眾，
壇城周界所有守護神，獲取食子分辨善與惡，
依彼誓言事業請成辦！此後利樂眾生到時機，
龍樹論師蓮花頭鬘力，成就大德八大持明眾，
贍部洲土弘揚佛密乘，尤於紅岩吉祥欽普地，
持明大阿闍黎蓮花生，對於神童倉白梅朵王。
開示修法八經壇城面；猛師雄踞凱布山頂首，
一切藥叉誓守誓言時，皆獻性命今按所欠情，
受用供食事業請成辦！後於七聚受用尼婆羅，
自現佛塔夏茸喀肖地，界空行以虛空藏語示，
變現具五佛皆深密法。後於紅岩鬥疊石窟裡，
普賢佛以無垢之光輝，對自金剛久美憐巴師，
解封傳授此深教誡時，獨目如血沸騰瑪摩女，
頭梳烏鴉頂鬘之仙人，依是誓言事業請成辦！

7.灑洗刷子於食子，供養丹瑪

色雅　佛徒佛法之主是，飲血金剛虛空母，

雪域藏地護方神，是魔藥叉四曼茂。
快速前來用食子，依照十二支因緣，
十二節期位淨生，尼藏邊界長壽母，
拉堆金剛護岩母，藥叉雪嶺普賢母，
卓欽考都魔後母，珠穆雪山獨眼母，
北方空翔龍勝母，喀惹金剛鵬尼母，
瑪沁奔惹剛烈母，貢尊代茂藏護母，
卓贊金剛太一母，珠穆林王麗質母，
衛藏金剛蘇裡母，普皆聆聽蓮師命。
住守誓言成種姓，依是盟誓用食子，
邊地兵亂爭鬥急，外道橫行門道狹。
厲鬼九病請慢治！常斷誤認作解脫，
壞聚見變為中道，勝義十二種教法，
弘傳事業請成辦！

　　唵拉拉、賴賴、黨黨、德德喀熱瑪，瑪瑪桑卓瑪，唵色雅，吽吽。

　　蓋住食子盆，觀想成須彌山，接誦：
　　吽　你這作惡之怨鬼，危害一切有情眾，
　　　　逃避菩提心禁行，壓你壓於大千下，
　　　　送你送到鱷魚喉，拋你拋入閻摩口，
　　　　燒你用慧火焚燒，我見只要為毀滅，
　　　　即使壞劫不放生。
　　　　唵阿吽，桑達巴雅朗南。

96

8. 取悉地，如前供贊

吽　一切加持根本之上師，是賜悉地顯身華慶尊，
　　從彼解脫三門意壇城，現真自性圓成菩提心，
　　請賜殊勝大手印悉地！十地五道內外十灌項，
　　四大持明五身五佛智，八位大德息增懷伏業，
　　輪回自性突然生二障，本來隱伏五蘊界之中，
　　極為清淨永時為殊勝，純正悉地現即請賜授！

　　於根本咒後接誦：達摩迦雅，桑色迦雅。尼摩迦雅，孜
達斯底呸拉吽。拿修法食子觸三脈輪處而嘗試。

9. 酬謝供贊，以作懺悔

火　密咒悉地全無餘，雖皆依止於誓言，
　　但為愚癡無明惱，威懾勝伏我等徒，
　　乃是若干罪根器，大慈大悲眾依怙，
　　於心雖不存忿怒，分辨善惡諸主尊，
　　見過即請予懲罰！不管有何犯戒過，
　　皆作懺悔請作淨！
　　念誦三遍百字明，從內心作懺悔。

10. 近攝

吽　世間神與無量宮，所現清淨之情器，
　　所依能依本尊等，融入主尊再融（吽），
　　從夏居起到那達，漸消原始性現（阿）。
　　誦畢入等持定。
　　立於瑜伽之修行道
　　復次本智菩提心，後得原始四嚕迦，

隆欽心髓・修心華欽
（本尊）集要

獨一大印三脈處，請以字種守尋思。

以念誦「貝雜惹恰吽」為金剛盔甲，以百字明咒予以堅固，接作迴向祝願。

吽　今以見聞明智與壇城，集聚福智二次第瑜伽，
　　迴向無住智慧之涅槃，願眾皆得華慶本尊位！

誦三遍。

次祝吉祥

吽　原始依怙五佛聖潔海，五身圓成變化剎土上，
　　善劫一千尊佛親降臨，願得善劫明燈得吉祥！
　　三千娑婆金剛密乘土，弘傳佛法源頭烏丈那，
　　雪山中間號曰赤松王，發心佛法普傳願吉祥！
　　南贍部洲中心金剛座，大德法王具足三法輪，
　　顯密佛教弘傳雪山地，佛法永恆住世願吉祥！

薩瑪雅，嘉嘉嘉！此伏藏基、道、果續，出自佛陀密意和持明所傳灌頂。於空行密文中，不違語義；修持成就，不摻虛假，是蓮花我之特點。願成自生金剛吉祥！保密吧！

# 祈請智慧空行大樂勝母
# 二諦初修成就

格惹帝瓦札格尼，薩瓦斯底吺拉吽。

遠離戲論空樂宮殿裡，　法身導師雙身普賢佛，

一心無二我今作祈請，　請加持我童子寶瓶身！

現空自然本成宮殿裡，　報身導師五部佛佛母，

雙運大樂我今作祈請，　請加持我受用圓滿身！

明空顯現不滅境界裡，　無量慈悲化身之導師，

三種敬信我今作祈請，　請加持我應機現化身！

色究竟天蓮光宮殿裡，　請佛化身蓮花生大士，

恬念恩德我今作祈請，　請加持我不變金剛身！

寒林住處一切空行主，　金剛亥母雜那桑嘎洛，

十六歡喜我今作祈請，　加持我離空樂二種執！

諸佛生母空行三密處，　三座圓滿賢士百尊佛，

無親無疏我今作祈請，　加持我證天眾一體位！

本體自性慈悲大佛主，　三根本之幼苗智悲光，

定信增長我今作祈請，　心意和合一體祈加持！

利生慈悲周遍境界裡，　無畏事業奧色華巴師，

不違誓言我今作祈請，　無邊事業成就祈加持！

以此祈請所得大慈悲，　集中世出世間生髮法，

雖如世俗八喻虛幻變，　勝義如來經藏為圓融，

涅槃離邊要義中觀上，印圓無別智慧空行面，

現見之後無量有情眾，無我措傑瑜伽天母位，

願皆現證能取得吉祥！

上述祈請智慧空行大樂勝母二諦初修成就源流，是在具有正信聽聞的瑜伽大寶師薩曼達巴劄達瑪日巴，與其前業善根習氣應時成熟的侄女措尼旺姆二人再三摧請下，由瑜伽師根桑延湃在修定之中所獲得，並由其弟子吉美益希為弘傳後得現分而筆錄成文，願其成為眾人善根。善哉，善哉，善哉！

啟請空行二利任運頌

無生界之空行普賢佛，無滅報身空行瓦羅黑，

應機化身空行措傑母，祈請賜我共不共成就！

三身諸佛總相妙無上，一切空行胞兄四嚕迦，

智悲光明久美憐巴師，祈請賜我共不共成就！

任何伏藏甘露海精華，三種信仰吸取持法主，

無畏事業奧色華巴師，祈請賜我共不共成就！

無懼無畏佛陀正教法，無偏弘揚善劫眾生親，

文殊現身曲吉洛哲師，祈請賜我共不共成就！

遍智上師語密皆心記，弘傳眾生示顯變化身，

利他無數無量佛弟子，祈請賜我共不共成就！

依止如是祈請之威力，消除今生不順諸晦氣，

地道功德圓滿如滿月，願熟自他二利任運果！

# 單體措傑大樂佛母根本
# 修法大樂吉祥鬘

敬禮空行大樂母！

於獨門半月壇城中，設三角女陰形法基，上置護樂瑪達那（食子），或擺滿珍寶、妙藥。水晶、寶鏡作依命物體。四周擺供內外兩種供品，面西而坐。

## 一、皈依

南無，無生智慧空行體，無滅自生瑜伽母，

　　佛母大金剛亥母，無聚無離我皈依。

　　誦三遍。

## 二、祈願

火　從今乃至證菩提，觀修智慧空行您，

　　遠離偏執有情眾，大樂剎土請安住！

　　誦三遍。

## 三、加持供施

唵阿吽　執為實有諸尋思，內外秘密供養雲，

　　原始普賢佛妙欲，猶如虛空無窮盡。

　　薩瓦補雜薩瑪雅，火。

## 四、修生起次第阿底瑜伽

阿　一切光明五母界，一切世間空行暇，
　　超越因緣無量宮，明點一束法界門。
　　大樂熾盛宮殿中，蓮花放光花蕊上，
　　日輪坐台空行主，法身境界普賢母，
　　應身剎土觀世音，化身智慧措傑母，
　　一頭兩臂身紅色，赤身裸體平腿坐，
　　情思深切露笑容，細腰顱鼓執右手，
　　舉至耳際欲敲擊，左邊手中持彎刀，
　　刀柄靠胯神氣傲，巴嘎豐滿乳高突。
　　寶珠寶物少女飾，潔白翁札作項飾。
　　骨質六飾身上戴，頭髮烏黑髮辮密，
　　珠寶首飾美裝扮，中意慧眼觀法界，
　　應身左眼調眾生，化身右眼引三界。
　　周身密部壇城全，心間吉祥結境界，
　　未生自現圓成尊，五輻脈輪中心位，
　　收攝心法清淨處，周遍明智普賢佛，
　　現空無二抱明妃。五脈輪上色受想，
　　行識五蘊淨本尊；毗盧寶生阿彌陀，
　　不空不動金剛佛，被土目水瑪瑪格，
　　火白衣風誓言母，虛空法界自在母，
　　淨土五部母合抱。左邊肢體四脈上，
　　現識清淨四內心，四境清淨心母纏，

隆欽大圓滿心髓集要

102

眼腫地地珠麗女，耳中金剛手歌女，
鼻中空藏珠鬘女，舌上觀音、舞蹈女。
左邊肢體四脈上，現根清淨四外心，
四時清淨心母纏。眼中彌勒薰香女，
耳中除蓋障花女，鼻中普賢阿洛蓋，
舌上文殊、香水女，眉間舌面與心輪，
臍間密處左足掌，此六世間五煩惱，
視為烏有清淨處，住明士夫六能仁，
四肢有情軀體識，諸根所觸感受四，
封為淨處四陽體，常見斷見與我見，
相相見處四陰體，右手閻羅鐵勾女，
左手大力絹索女，左足馬頭鐵鍊女，
右足甘露旋鈴女，四無量業皆具足。
所淨能淨圓滿中，圓成三座全具尊，
現見無自性光明，周身一一毛孔中，
飲血密部諸壇城，無一有缺全現見。
一切諸位壇城神，身色無幟與儀態，
普皆不定若幻術，自生自現大而廣，
四周十萬空行繞，部主蓮花頭鬘力，
阿闍黎露微笑顏，搖四嚕迦單饒鈴，
誓言智慧無分別，修持即能得成就。
薩瑪雅。

單體揩傑大樂佛母根本修法大樂吉祥鬘

## 五、迎請

以懇切之心念誦：

吽　地方著名屬印度，殊勝居處是鄔金，

　　度瑪他有空行城，洲中聖洲妙拂洲，

　　實為兜率大樂剎，形如空行變化土。

　　從彼一切樂居地，法身佛母措傑女，

　　十萬空行與隨侍，因賜加持請降臨！

　　對此聖地降靈氣，四種灌頂賜授予，

　　消除邪引鬼魔障，請賜共不共悉地！

　　唵阿吽，貝雜嘉那札格尼，唉阿惹哩呸呸雜。

## 六、入坐頂禮

火　原本誓言與智慧，自性無二金剛座，

　　空行心法神變中，同時生成我頂禮！

　　南無那麻吽。

## 七、獻妙欲供品

火　眼見世間一切法，現為五欲妙莊嚴，

　　心中如意大寶藏，無取無舍喜供養。

貝雜嘉那札格尼，補恰、杜拜、阿洛格、甘達尼畏雅，
夏巴達摩訶，木札熱達，巴雜瓦朗達，薩瓦補雜阿吽。

## 八、讚頌祝願

吽　諸佛普母金剛瑜伽母，種種般若智慧彼岸度，
　　儀態莊嚴歡笑措傑母，佛陀蓮花王母我禮讚！
　　一見動人相好華榮體，聞者解脫無礙口傳語，
　　念則空樂智慧即生意，禮讚空行王母喀欽薩，
　　妙齡賜樂殊勝女使者，明空幻化禪定同修故，
　　內外他處氣脈明點體，普賢佛母界中願清淨。
如是修持咒義：
　　我即空行心輪間，金剛亥母體黑藍，
　　手執寶刀顱骨碗，心間喜旋出（旺）字，
　　周邊咒鬘放光明，照明天身執著相。
　　催請部主師心續，放射光明行二利，
　　上師體內流甘露，降至無漏大樂界。
　　以此四喜所作業，體驗四種灌頂智。

　　唵貝摩瑜格尼，加那瓦惹嘿吽。下誦根本咒。觀想體內中心部位，接誦：唵格雅，加那補底孜達。摩訶蘇喀，如嚕如嚕，吽布雅吽。

　　對未受殊勝方便淨瓶聖潔灌頂者而言，修等持定是為要害所在，生圓二次第無需更多，僅此一種可證悉地，薩瑪雅（修持吧）。

　　意境次第再紛繁，念歸殊勝無動搖。

　　共同寬行彙集，開悟所有現智故，表示光明，現於法身，心情舒暢、恬靜，智慧光明，修持空行等八功德，可得

單體措傑大樂佛母根本修法大樂吉祥鬘

現證，夢中紅色女集會，能得鮮花、海螺、海貝、白水晶，現見寶箭、手幟等，此即所謂成就空行的標誌，如若事業轉變，他處可知。薩瑪雅。

此後之次第為補充資糧。福德之中，會供為勝。

空行聚會誓言物，內供特要擺設好。

火　大樂殊勝根器中，會供曼陀羅受用，
　　是無取捨誓言物，誦唵阿化吽甘露。

新鮮會供分三層進行：

吽　兜率天與空行剎，勇士空行聚會地，
　　二十四處化身土，猶如金剛五蘊體。
　　札蘭達惹是頂門，眉間布裡惹麻拉，
　　後頸脈界阿布達，惹梅肖惹是眉毫，
　　右耳是為鄔丈那，左耳皋達瓦日剎，
　　德烏皋札是雙目，肩頭是為瑪拉瓦，
　　以上外境八大處，所住勇士瑜伽母，
　　空行聖眾空行母，會供堂中請降臨！
　　頭上髮髻顛巍巍，髮辮流蘇達啦啦，
　　耳環釧鐲圓溜溜，骨飾小鈴叮鐺鐺，
　　韜鼓寶鈴齊敲響，金剛舞步伴歌聲，
　　妙欲受用獻會供，逾越誓言今懺悔，
　　內外障難法爾解，請賜共不共悉地！
　　受用輪上蘭巴迦，腋下腰窩迦麻如，
　　兩乳頭間鄔支德，臍部孜夏古那城，
　　鼻端上是皋薩拉，上齶迦陵迦聖地，

心間乃是迦孜迦，喜瑪拉之中心城，
所住勇士瑜伽母，空行聖眾空行母，
會供堂中請降臨！頭上髮髻顱巍巍，
髮辮流蘇達啦啦，耳環釧鐲圓溜溜，
骨飾小鈴叮鐺鐺，鞀鼓寶鈴齊敲響，
金剛舞步伴歌聲，妙欲受用獻會供，
逾越誓言今懺悔，內外障難法爾解，
請賜共不共悉地！拇指哲達布日界，
肛門支哈德瓦地，陰部瑪饒瓦拉察，
小腿蘇瓦那者哇，指甲十六那嘎惹，
膝蓋古蘭達以及，足面信度城中間，
所住勇士瑜伽母，空行聖眾空行母，
會供堂中請降臨！頭上髮髻顱巍巍，
髮辮流蘇達啦啦，耳環釧鐲圓溜溜，
骨飾小鈴叮鐺鐺，鞀鼓寶鈴齊敲響，
金剛舞步伴歌聲，妙欲受用獻會供，
逾越誓言今懺悔，內外障難法爾解，
請賜共不共悉地！

接作雙會供

火　智慧空行天眾請關照！我因貪瞋愚癡所纏縛，
　　身語意造罪孽今懺悔，當我陷入小乘受控制，
　　不念正理於今髮露懺，缺乏慈悲為瞋所纏縛，
　　不作利生事業今懺悔，因被懈怠懶墮纏縛故，
　　觀修放逸走神今懺悔，因被慳吝小氣纏縛故，

**107**

供養逾年過月今懺悔，因被自大我慢纏縛故，
違師身語意過今懺悔，因我缺少慈愛同情故，
違師兄弟心意今懺悔，因受壞朋惡友挾制故，
變為僧殘浪子今懺悔。因被擯棄僧殘敗壞故，
遊蕩違背佛意今懺悔，因作遊蕩違背佛意故，
空行天譴轉依今懺悔，誅滅之時缺少慈悲心，
有情未置佛位今懺悔，煩惱未轉化為菩提故，
漸次生為孽障今懺悔，實修之際禪定不明故，
貪欲生於輪回今懺悔，請賜予我身語意成就。
　　如是誠心懺悔，可使所違誓言得複完善。

　　給剩餘食子噴淨水，接誦：唵阿，迦饒木康，薩瓦達
摩囊，阿達雅尼，達那埵達，唵阿吽呸，娑哈。

呸　擁有殘食聽命者，三十二位空行母，
　　骷髏鬼卒夫與妻，靈嘎共有十萬眾，
　　使者三百六十部，四位捷足八燃母，
　　七位瑪摩四姝妹，為行地護非人等，
　　喜歡殘食走供堂，殘食美味請受用，
　　逆緣障難請消除，所托事業請辦成！
　　誦畢，將殘餘食子拋撒出去。

催請本尊神：

吽　請起空行集會神，請從法界現色身，
　　調伏修正菩提障，消除情器五大墮，
　　氣脈退減請復原，使我修持得成果！
　　次作補充：

吽　超脫三時普賢佛，自性清淨住兜率，
　　三座具足師與徒，共轉金剛密法輪。
　　無明俱淨三神處，指為續部發生地，
　　咒是有緣變化相，現為自性本體時，
　　札達措傑靈魂湖，具德自然金剛續，
　　三地空行賜加持，依彼離貪語示文，
　　發掘無盡伏藏時，迷亂原本就清淨，
　　依諸緣起請辦事！

　　次護養丹瑪

吽　奉具德命護藏土，丹瑪姐妹十二人，
　　請來飲用食子水，所托事業請成辦！

　　馬頭明王誓言

吽　智慧空行壇城中，壓住邪引怨鬼眾，
　　永世不得讓超越，密咒九乘範圍網。

　　桑木多，巴雅南。

　　次接獻供、讚頌，求取悉地

火　今晨修持空行誓言畢，悉地賜授時間即降臨，
　　無住智慧心體壇城中，身語意及和合十灌力，
　　於今即刻請賜授予我！

唵貝摩瑜格尼，嘉那瓦惹嘿，貝雜迦雅，瓦恰孜達，薩
瓦斯底呸拉火。

　　以修法之物觸處，以為領受。

　　次懺悔過失

吽　智慧空行壇城中，供物不全心放逸，

坐定掉舉沉昏等，違緣過失請寬恕！

念誦：唵貝雜薩埵等（百字明）。

圓滿次第

火　如同水中冒水泡，自身化成壇城佛，
　　進入慧空境界中，現起後得幻滅身。

次作迴向

火　空行母之壇城中，生圓次第念諷誦，
　　一切根本諸善根，迴向眾生願成佛。

次作發願

火　世間一切空行清淨剎，大樂不變金剛瑜伽母，
　　現空無別金剛真亥母，願見尊容現前證菩提。

吉祥祝願

火　持明傳承之加持，佛法三寶之真諦，
　　甚深密乘之緣起，息滅八怖畏吉祥，
　　福壽圓滿得吉祥，現見任運得吉祥，
　　邪念斷滅得吉祥，執著化為天身印，
　　回聲淨化大樂咒，雜念成熟光明身，
　　虹身圓明願吉祥！

除此而外，此類吉祥讚語盡可多說。

薩瑪雅，帝嘉、達嘉、薩嘉（藏密、語密。咒密）。

以上無與倫比空行秘笈，是仁增久美嶺巴在哲達措傑神湖邊，從空行自成佛母心間迎請而來，後經翻譯整理，成此略要。

# 十六金剛天女供鬘尋香琵琶

頂禮聖者普賢佛，頂禮菩薩供養眾天女！

首灑驅魔淨水諸供品之上。念誦：唵吽仲舍阿。由神物與束之高閣壹所成之內外秘密供養雲團，願成普賢供養，享用廣大！念誦：那麻，薩瓦達他，嘎達色雅，毗肖木開巴雅，薩瓦達康，哦嘎德帕，惹那哦，芒嘎嘎那康娑哈。誦三遍，如有興趣，也可念誦供養雲陀羅尼。接以動聽音聲祈請：

猶如蓮花豐滿華容體，觸膚即生聖樂青蓮目，

體態婀娜多姿消人魂，金剛嬌豔天女賜歡喜！

格惹薩瓦，達塔嘎達，薩巴日瓦惹，貝雜拉色亞吽，札底叉火。

世間最極明麗浩月亮，也不及你仙姿一分毫，手持珍寶瓔珞可人意，金剛珠鬘天女賜歡喜。

格惹薩瓦，達塔嘎達，薩巴日瓦惹，貝雜麻賴仲，札底叉火。

妙齡少女溫柔華容姿，體若彩虹藤蔓膚脂潤，

妙音娓妮可唱千支歌，金剛眾歌天女賜歡喜。

格惹薩瓦，達塔嘎達，薩巴日瓦惹，貝雜格德舍，札底叉火。

猶如蜜蜂飛旋蓮花園，手足金玉釧鐲莊飾舞，

活潑好動變幻似魔法，金剛眾舞天女賜歡喜。

格惹薩瓦，達塔嘎達，薩巴日瓦惹，貝雜尼德阿，札底叉火。

青春十六迷人美容顏，奇妙歡喜心中盡滿足，

手捧薰香香爐成熟女，金剛薰香天女賜歡喜。

格惹薩，達塔嘎達，薩巴日瓦惹，貝雜杜拜吽，札底叉火。

梵帝永壽女兒貌佳麗，俊俏絕倫仙姿動心志，

優曇花束拈手意樂女，金剛鮮花天女賜歡喜。

格惹薩瓦，達塔嘎達，薩巴日瓦惹，貝雜布恰吽，札底叉火。

惬意賞心嬌豔面頰上，一雙朱紅塗飾勾魂眼，

手持日月明燈賢首女，金剛光明天女賜歡喜。

格惹薩瓦，達塔嘎達，薩巴日瓦惹，貝雜阿洛蓋舍，札底叉火。

長壽女兒持德俊秀姿，口吐鄔波羅花芳香氣，

六妙良藥搽飾足歡心，金剛香水天女賜歡喜。

格惹薩瓦，達塔嘎達，薩巴日瓦惹，貝雜甘德阿，札底叉火。

青春風韻豐滿似妙蓮，百態千姿嫵媚阿達夏，

欲與媲美賽豔俊秀女，金剛明鏡天女賜歡喜。

格惹薩瓦，達塔嘎達，薩巴日瓦惹，貝雜如巴唵，札底叉火。

貌似等持畫工所畫像，頭纏曼達羅巾容顏美，

隆欽大圓滿心髓集要

圓鼓敲出空樂悅耳聲，金剛圓鼓天女賜歡喜。

格惹薩瓦。達塔嘎達，薩巴日瓦惹，貝雜摩黨格什，札底叉火。

指戴珍寶戒指彈琵琶，欲同尋香天女比禪技，

奏出悅耳妙音如意女，金剛琵琶天女賜歡喜。

格惹薩瓦，達塔嘎達，薩巴日瓦惹，貝雜烏尼吽，札底叉火。

十六歡喜騎乘風息馬，十六明點生處得清淨，

十六法性顯示妙笛音，金剛鷹笛天女賜歡喜。

格惹薩瓦，達塔嘎達，薩巴日瓦惹，貝雜朗賽仲，札底叉火。

滿月白蓮相似華容顏，美色映入眼簾一瞬間，

悅耳腰鼓敲響妙齡女，金剛腰鼓天女賜歡喜。

格惹薩瓦，達塔嘎達，薩巴日瓦惹，貝雜穆然孜阿，札底叉火。

虛空為飾空性大衣裳，無價珍寶布料巴雜黎，

奇幻手指招喚友愛女，金剛欲樂天女賜歡喜。

格惹薩瓦，達塔嘎達，薩巴日瓦惹，貝雜巴希仲，札底叉火。

無貪多情欲目一睨間，勇士心亦迷醉發瘋狂，

百味精華食物手中捧，金剛司味天女賜歡喜。

格惹薩瓦，達塔嘎達，薩巴日瓦惹，貝雜惹薩舍，札底叉火。

以樂抵達樂邊為空性，大樂妙法生處懷胎女，

空樂境界生諸佛天母，妙法金剛天女賜歡喜。

格惹薩瓦，達塔嘎達，薩巴日瓦惹，貝雜達摩達杜阿，札底叉火。

如是極為卓越十六金剛天女，若分其類別，有外美四天女，內美四天女，有身語意功德事業秘密五明妃，共同妙欲三天女。

十六天女自性簡述如下：

一、外美四天女手印：貝雜拉色雅，二金剛拳依胯前微向左傾；貝雜瑪麗雅，金剛二掌向內翻而下垂，作持念珠狀；貝雜格德尼，歌女手幟為琵琶，故作舉琵琶狀（以下表述）：貝雜尼德，二金剛拳於頭頂作舞狀。

二、內美四天女手印：貝雜杜拜，兩掌相合，十指內收如香爐狀；貝雜布恰，兩手結金剛拳後向上開掌，如散花狀；貝雜羅蓋，兩手結金剛拳，二拇指樹起，如酥油燈狀；貝雜甘德，左手拇指內收與食指相抵，其他四指直伸，掌心朝上，如小螺狀，右手亦作是印，作從左手取水而散狀。

三、五位秘密明妃：身明妃貝雜如巴，左手拳上置右手掌，於胸前作鏡狀；語明妃貝雜木黨，左手微向上提，作擺鼓狀，右手手指作活動狀；如意明妃貝雜烏尼，作舉琵琶手印，左手上舉，拇指壓中指，食指與小指樹起，右手亦為是印，作彈琴狀，功德明妃貝雜旺賽章，兩手舉笛胸前，作吹笛狀；事業明妃貝雜然孜，兩手掌置胸前向外翻，手指搖動作擊鼓狀。

四、共同妙欲三天女：貝雜巴希，兩手拇指與中指尖相

抵，小指樹起，作獻衣狀，貝雜惹薩，二金剛掌向下伸直，再向上翻，作捧物狀；貝雜達摩，作虛空法印，兩手二拇指相抵，其他四指中，二無名指相抵，成圓弧狀。

　　對眾天女，要以蓮花旋轉手印迎請，並誦與其相符咒語，配作各自手印，後作金剛彈指，兩手交叉，置於兩乳上。

　　此十六金剛天女供鬘，乃是尋香天女所唱之歌，具有千把琵琶共鳴妙音。原是阿旺妙音天女賜授與我者。

# 懺悔一切罪障拔濟地獄大王品

　　瑜伽行者觀想所有上師、如來、靜猛明王等，五官清晰可見，現於眼前虛空日月蓮座上，想自身變如微塵大小。口說懺悔語，胸懷悔過心，於一切時辰懺悔。後以正見提醒，嚴謹誓言，能速證悉地。

　　唉麻火，

　　十方四時周遍大聖德，上師佛陀靜猛明王眾，

　　請降入座日月蓮臺上，為淨地獄衰敗請受供，

　　頂禮功德圓滿眾上師，頂禮空性離戲妙法身，

　　頂禮大樂受用圓滿身，頂禮佛陀隨意變化身，

　　頂禮本性不變金剛身，頂禮清淨現證菩提身，

　　頂禮煩惱息滅文靜身，頂禮誅滅邪見明王身，

　　頂禮依怙壽主文殊身，頂禮妙音無過蓮花語，

　　頂禮具真實意金剛心，頂禮除五毒病甘露藥，

　　頂禮摧慢金剛橛本尊，頂禮大種主宰本母眾，

　　頂禮地道圓滿眾持明，頂禮護持佛法眾具誓，

　　頂禮降伏邪魔眾咒主！

　　吽　自性自知離錯亂，平等性中智慧顯，

　　　　謹向雙身普賢佛，淨心法故而頂禮！

　　　　無思無別之密意，五種智慧現光明，

隆欽大圓滿心髓集要

謹向五種姓如來，淨煩惱故而頂禮！
法性境界所生因，上升成為五智伴！
謹向法界五佛母，淨大種故而頂禮！
智慧化身諸多眾，為利眾生自現出，
八大菩薩摩訶薩，淨神識故我頂禮！
於智慧中功德滿，成就如願若雨降，
謹向供養八天女，淨地時故我頂禮！
調伏兇惡勇士身，遠離我執諸過失，
謹向閻羅四門衛，淨邪見故我頂禮！
普以大慈與歡喜，四種行舍利眾生，
謹向守門四明王，淨常斷故我頂禮！
六分別心生六道，因無明故我降生，
慈悲調伏六能仁，淨錯亂故我頂禮！
吽 普賢菩薩明智力，殊勝主尊我頂禮！
五毒未斷達究竟，四嚕迦我我頂禮！
法界立身善巧合，忿怒佛母我頂禮！
意趣變化大密母，八忿怒母我頂禮！
羅剎獠牙女使者，八種非人我頂禮！
召引系縛作樂女，護門四天母頂禮！
世間裝束變化女，自在天母我頂禮！
吽 怖畏金剛閻魔敵，威嚴屬鬼作隨侍，
文殊身前我頂禮！
吽 馬頭明王灌頂尊，方便權威作隨侍，
蓮花妙語我頂禮！

吽　華慶金剛四嚕迦，自現光明作隨侍，
　　清淨妙語我頂禮！

吽　世尊殊勝四嚕迦，靜猛明王作隨侍，
　　功德圓滿我頂禮！

吽　金剛童子羯磨身，十明王眾作隨侍，
　　成就事業我頂禮！

吽　圓成大王四嚕迦，五大所成作隨侍，
　　本母部眾我頂禮！

吽　持明金剛勇猛力，地道住者作隨侍，
　　持明聖眾我頂禮！

吽　身著藍衣密乘主，世間屬鬼作隨侍，
　　護持佛法我頂禮！

吽　具大威德大黑天，眾多猛咒主為侍，
　　調伏魔障我頂禮！

　　如是對佛靜猛尊，任誰聞名若頂禮，
　　犯戒罪障染淨後，五無間罪可清淨，
　　地獄位中能拔出，享譽持明佛刹土。
　　業力異熟諸過犯，口中髮露意作懺。
　　悲號哀告求淨罪，勝解合掌置胸前，
　　信仰俯地磕長頭，口呼靜猛諸尊號，
　　逐穩五體安然坐，金剛勇識觀頭頂，
　　念誦拔出地獄經。

　　唵，貝雜薩埵薩麻雅，麻奴巴拉雅，貝雜薩埵爹奴巴
底叉，哲佐梅巴瓦，蘇多喀約梅巴瓦，蘇波喀約梅巴瓦，阿

奴惹多梅巴瓦，薩瓦斯底梅札雅擦，薩瓦嘎麻蘇札梅，孜黨室央格惹吽，哈哈哈哈號，巴嘎宛納，薩瓦達塔嘎達，貝雜麻梅木札，貝雜巴瓦，麻哈薩麻雅，薩埵阿吽呸。

此咒語，於清淨中，同一時間，心不外散，念誦百八遍，能生做三時佛弟子。

火　靜猛天眾請垂念，佛陀經教上師言，
　　不依奉行有違犯，對恩金剛阿闍黎，
　　誹謗呵責持邪見，對妙印母師兄妹，
　　惡意辱罵懷瞋恚，並親毆打作傷害。
　　此等身毀誓言罪，靜猛天眾前懺悔，
　　本尊眷屬不清楚，念誦不淨不齊全，
　　語三昧耶諸過犯，靜猛五佛前作懺，
　　十密託管許諾言，公諸於眾顯聖物，
　　意三昧耶諸過犯，靜猛佛陀前作懺，
　　應所了知五誓言，因無明故當五毒，
　　應於接受五誓言，視為淨穢任糟蹋。
　　應於成辦五誓言，不知自守倒行施。
　　應需所用五誓言，不知分別逆反行，
　　支分淨成有過犯，本尊面前髮露懺。
　　念修禪定意不專，望晦六時供養斷，
　　懶散掉舉並沉昏，慳吝積累少因緣。
　　會供會被狼叼走，新供淡薄剩餘減，
　　舉止放蕩性粗魯，有意無意諸過犯，
　　空行具誓前作懺，心中敵人正見懺，

彼亦本性菩提心，證悟非是持正見，
體驗非非之修持，了悟無是無非行，
察無希求菩提心，根及一切之支分，
衰敗不出不滋生，所懺要懺無二離。

吽　妙法空性無戲論，看其有無多勞累，
取物為相多煩惱，離戲大樂境界懺。
普賢佛身無善惡，觀有淨穢多勞苦，
善惡二取多煩惱，普賢大樂境界懺。
平等性本無大小，看作自他多勞苦，
大小二取多煩惱，平等大樂境界懺。
菩提心本無生滅，觀今來世多勞苦，
生滅二取多煩惱，永恆不滅境界懺。
大明點本無棱角，看作色物多勞苦，
棱角二取多煩惱，遍圓明點境界懺。
三時不變之本性，觀有始末多勞苦，
遷轉二取多煩惱，三時無變境界懺，
自然智慧離勤修，視有因果多勞苦，
勤修二取多煩惱，自然無為境界懺。
意識智慧離常斷，視為二取多勞苦，
常斷二取多煩惱，心識智慧境界懺。
法性本淨離戲論，視為疼痛多勞庫，
中邊二取多煩惱，法性本淨境界懺。
無量宮本無廣狹，觀有內外多勞苦，
廣狹二取多煩惱，無廣無狹境界懺。

佛母陰空無上下，觀有上下多勞苦，
高低二取多煩惱，巴嘎無際境界懺，
妙法之自本無二，觀有內外多勞苦，
情器二取多煩惱，法身不變境界懺。
無明有情實可憐，執無色法為實相，
士夫亂心出謬誤，於無生法分別我。
不知萬有皆虛妄，心於財物生貪婪。
不知生死無自性，親戚幻友取常見，
無知人心生謬誤，棄勝義勤不善業，
棄聖教被人法惑，自證無義多散亂，
如是有情多可憐，夫分合界髮露懺！

　　如是以正見懺悔畢，於資糧成辦之時，需以藥物、鮮
血、食子、明亮燈盞等予以滿足，接持甘露顱缽，屈膝舉
送，並如是祈請，作滿願獻供。

　　吽　自然非造大供物，原本清淨離淨穢，
　　　　八根滋生千分支，五部如來所修物，
　　　　滿足誓言是妙藥，於大周遍兜率宮，
　　　　自性而居眾佛陀，五智光明使滿願，
　　　　普賢供養使滿願，意趣超脫思維界，
　　　　大悲幻變度六趣。原始古佛光不變，
　　　　普賢佛亦滿心願，從我智慧示現身，
　　　　靜猛聖眾使滿願，大悲化身利有情。
　　　　自金剛持而降臨，引度有情一切佛，
　　　　及諸佛剎供滿願，意趣願離思維界，

淨戒過犯髮露懺！

接持鮮血祈請：

吽　法性濕潤智慧水，大悲形成紅顏色，

世間生成因之血，蓮花鮮紅血自生，

應誅十惡生命血，紅色甘露大種血，

皆是清淨灌頂物，不淨三界生死因。

以彼四嚕迦密意，誅滅三世生死習，

加持成為供養物，為使智慧示現故，

奉獻普賢大佛母，於彼飲血明王眾，

獻作摧發大悲供，於彼本母空行眾，

獻作恢復誓言物，獻給一切護法神，

成辦事業作供品，還我所願賜成就！

接持供品、食子，獻予神靈，作如下祈請：

吽　養育三界食物因，五穀水果六味食，

應誅十惡五蘊肉，勇士酒肉谷精華，

食物妙欲有種種，勝解觀想而獻供。

空性境界信解供，靜相明王殊妙供，

忿怒明王威嚴供，諸位上師歡喜供，

空行部眾快樂供，護法神眾滿足供，

供作還願依止物。

次持供燈祈請

吽　百盞藥物供燈中，樹起百根淨燈心，

添滿大種酥油燈，燃起百炷亮燈明，

為補違犯誓言過，虔誠獻供諸佛尊。

**隆欽大圓滿心髓集要**

兜率法界宮殿裡，智慧彩虹閃光明，
靜猛明王滿心願，心間妙法宮殿裡，
智慧種子明點明，自然靜尊滿心願。
頭顱白螺宮殿裡，自力暖相放光明，
自然猛尊滿心願，勝解信仰覺受中，
明智不滅自然明，金剛上師滿心願。
清淨氣脈明點中，心識自生明亮住，
本母空行滿心願，無際宇宙世間裡，
星辰光鮮明點明，外部具誓滿心願。
一切敗壞誓言過，因有誓願請淨除，
賜我共不共悉地！

攝略滿願

吽　稀有佛陀密教壇城裡，所有上師本尊與天眾，
自然法界供神燈盞裡，注滿明智酥油以作供。
八根分支空合密甘露，五身智慧全皆作獻供。
清淨食盆滿裝祥食子，獻作妙欲具足無缺供。
三界輪迴普度虛空淨，獻上無貪鮮血歡喜供。
穀物精華空合勇士物，為生威光獻作酒肉供。
善哉善哉歡喜請享用！

次作發願

　　於金剛阿闍黎前，莊飾明妃，舉盛酒顱鉢，眾師兄妹
持供燈與單炷香，心無二疑，明觀雙身金剛明王與持明總集
蓮花生。同時心生勝解，以激動悅耳之聲祈請：

吽　三時一切諸佛駐錫地，無明黑暗清淨天聖眾，

導師金剛明王及明妃，師兄弟妹聚會似海眾，
無餘皆請悲心垂念我，住此神聖菩提壇城中，
我所祈願成辦請作證！金剛明王諸佛總集身，
佛陀聖母佛所出生母，意變佛子菩薩所顯生。
兄妹誓言如一持明眾，從現時起乃至證菩提，
相伴住我頭頂別遠離！我於三時周遍三門境，
乃至入睡夢中想念時，願見上師明妃及兄妹！
願身語意歡喜皆成辦，熱忱敬信侍奉能皈依，
今生心境冥滅壽終時，死亡初次光明之法身，
認清功用圓滿穩固後，法身與阿彌陀無分別，
本淨法身境界願解脫！本智未於法身具自用，
中陰現識自覺現本尊，本心識為清淨之功用，
聲光明具本色自音等，五具報身剎士願解脫！
如是本智未能達限量，世間中陰錯亂沉掉舉，
隨念金剛明王及明妃，以此供燈光明為依託，
勇識空行大眾作隨侍，空行清淨住所願解脫。
因業力故顯見六道境，因習氣故流轉於輪迴，
甚深生圓次第閉關修，證得具足十八有暇身，
以一壇城會聚之緣起，以觀一盞燈明之禪定，
但願不離會集於一堂，彼時大聖變化為本尊，
金剛上師慈悲賜大恩，使聞思修清淨具自性。
如理行持災異皆息滅，成就果位但願達究竟！
兩種成就執為至聖寶，於此不淨六道眾生界，
王族吠奢貧民婆羅門，屠夫婦道童嬰與沙門，

游方仙人學處吠陀師，被種姓人敬重不敬重。
稱讚貶低病人說法者，鳥類野獸城市行乞人，
應機現化於彼相合順，種種色身有情願調伏！
佈施愛語同事利行等，四種攝事相助以為伴，
以此巧妙無量之異門，普降順合自緣妙法雨，
父母六道解脫出輪回，願作照亮無明黑暗燈！
現有涅槃法界智慧境，無明清淨自然金剛聖，
無勤無勞眾生同一起，今跟部主本尊無分別，
一體無二成果願獲得，願同虛空無量有情眾，
不待勞修三身願現證，你母六道眾生無有餘，
今願一同趨達願初地！

薩瑪雅，嘉嘉嘉！

上述儀軌，乃是由上師曲吉旺秋從伏藏中所發掘之八大密法，與出自自生自現的北藏猛厲八教之靜猛地獄滿願懺悔經，二者合編而成。

善哉，願吉祥！

# 滿願懺悔金剛散歌

南無，

如來本性遍及諸眾生，發心務要廣大而神聖，

世間眾生無餘要成佛，非是根器有情無一人，

具十力神降臨請降臨！不誤時辰慈悲以為懷，

垂念有情事業三寶尊，以意化現設供此方土，

眾佛眷屬無餘請降臨！

貝雜薩瑪雅雜，貝瑪迦雅，拉雅薩埵。

以《月燈經》所載之偈句，對資糧田及修法物等一切
所見供養印，用深明金剛禪定作如是加持：

唵　遍及現見置於食子盒，淨經依他世間精食子，

　　圓成法界隆欽以意趣，所有化現普賢供養雲，

　　遍滿無際虛空任變幻。

南無，薩瓦達塔嘎達，色雅毗肖，木凱巴雅，薩瓦達
康，哦嘎德，帕惹那哦，芒嘎嘎那康娑哈。誦七遍。

阿　自然任運弧形彩虹間，八種幻化任變羅剎城，

　　心中銅色吉祥山宮殿，諸佛會聚大師滿心願。

　　法性空明原始普賢佛，本明應身力中生密意，

　　語句難作詮表壇城中，意傳具二清淨滿心願。

　　具五決定任運報身力，表示本智持明眾隨從，

意示義傳語詳變化舞，耳傳聞大解脫滿心願。
能表符號文字大灌頂，授予有緣信徒心體間，
打開所表內容秘寶庫，囑咐護法神祇守伏藏，
祈願灌頂傳顧滿心願。無始以來自明普賢佛，
普及遍傳密意置一旁，別處尋覓佛陀諸過失，
今皆淨化送至無勞地。

## 九乘總滿願

原始清淨密意廣無際，數數之乘各自雖未成，
為利遍計所化身心故，漸次現為九乘滿心願。

其中包括有三藏：
其一，聲聞律藏壇城
知曉輪回是大苦，趨入世俗四諦分，
根斷我執聲聞乘，五聚壇城滿心願，
別解脫戒大經藏，與彼自性相違罪，
不隱不瞞髮露懺，賜我阿羅漢加持！
其二，獨覺經藏壇城
增上律學戒相續，證悟五蘊無自性，
超脫十二因緣法，獨覺四壇城滿願。
以淨律儀不動定，經學一切破戒行，
今悔作懺使清淨，請賜福慧二資糧，
麟喻獨覺大成就！
其三，菩提心對法壇城

深知諸法虛假如幻影，慈悲成就他業最勇武，
二諦道用對法聖經藏，壇城歷歷有數滿心願。
殊妙觀察智慧等持定，誤入常斷四邊之道上，
慈悲幼苗枯萎諸過失，今皆淨化送至普光地。
外密三續之事行二續。

三清淨與三種聖潔行，誓智分別師徒共修持，
觀待轉樂道用行續之，六種壇城天眾滿心願。
事部方便瑜伽以相應，等分正行乃是無性乘，
五種現證壇城修成佛，行續壇城大海滿心願。
事行密部神咒之禪定，粗細誓言違背髮露懺，
空行等等八大得道師，共同悉地如雨請降賜！
外密三續之瑜伽續

內外秘密三種清淨諦，本尊瑜伽無二悟為大，
四印深明禪定同獲得，九乘分段瑜伽滿心願。
觀察自身本尊善與惡，念修供養護摩有絕斷，
修造壇城分支不齊全，皆請寬恕降賜聖悉地！
無上內密三續

其一，摩訶瑜伽

樂空境界無邊三定圈，生次情器遍現大清淨，
虛幻靜猛八大法行等，會集十二壇城滿心願，
五所知與不捨自願取，修習所行二十五誓言，
十密等類敗壞諸罪障，懺悔送至四種持明地。

其二，教言阿魯瑜伽

莊嚴身軀無量宮殿裡，三脈輪現五彩虹光圈，

空界智慧和合明智力，阿魯瑜伽壇城滿心願。
八種意識二十隨煩惱，五十心所八萬四千種，
尋思清淨念滿手印身，俱生於今送至大樂地。
其三，光明大圓滿
直達智慧原始無量宮，智光六燈虹光明點中，
本智成熟為精阿底尊，兩手所執清淨滿心願。
自解明智連環金剛杵，用三坐姿三觀法約束，
四相法遍原初空性界，送至自在大圓滿境地。
三根本空行具誓總述
總持無邊壇城大海中，分別本智所系侍奉客，
盡其所有無缺全具足，現分佛父自性惹胡拉，
空分佛母自性厄迦剳，雙運慈悲貝雜薩杜等，
寧提一切兇猛護法神，鄔金印度迦濕尼泊爾，
吐穀渾地勃律赤銅洲，金洲妙拂朗迦諸小洲，
支那漢地格薩爾軍洲，剳日札與南門稻米穀，
阿裡三圍衛藏四大如，多康大崗隱處年波地，
五區六洲金山妙高峰，三十三處聖地寒林怖，
法輪寺院修地寂靜處，四周森林山岩湖泊裡，
所居勇識空行護法眾。佛親說教及佛開許語，
加持授記淨相之論著，心藏意藏密藏物藏等，
十八伏藏佛法受委託。住於壇城大海四周邊，
具誓空行護法如海眾，違背心意過錯盡所有，
誠心懺悔請顯清淨面，常斷離邊中觀大圓明，
有寂精血雙運大手印，執著明心解脫大圓滿，

禪定虛空無際幻境中，用吥打破二取大隨滅，
無識覺悟了知體性上，八識根本清淨吉祥征，
光明現為莊嚴七政寶，了空裸露解脫五妙欲，
逆緣立於妙道手印舞，無有保留盡皆作獻供，
江於共與不共悉地海，悟境童子瓶身顱鉢中，
調伏三毒尋思傲慢血，三身全大解脫之甘露，
斷滅疑虛五肉五甘露，日月精華八脈八分支，
自然形成聖物皆獻供，請賜終極清淨大成就！
原始大千法界巴嘎中，周遍淨妙明智金剛杵，
誅滅緣起違理輪回習，樂空四喜性能圓滿舞，
雙修勤息終極秘密物，無有保留盡皆作獻供，
請賜收服世俗見成就。有相供物與無相禪定，
成就四種事業之手印，力誅詛咒武器獻予您，
祈願發心岩洞如帽戴，對斷無貪輪回之瑜伽，
無辜誣陷喧惡加罪過，阻斷實修擾亂心相續，
邪願怨鬼心血請痛飲。所有密宗經典皆在內，
乃至微小財物資具等，總之瑜伽一切心愛物，
獻作三本具誓靈魂石。樹林邊緣海島岩洞等，
無定居處修證菩提故，穿溝越嶺如虎行走時，
瑜伽如影伴隨在身旁，動靜覺受執著所纏縛，
粗細虛假魔幻妄分別，有寂無二現失同時間，
無有保留盡皆作獻供，願今直達法性圓滿地。
靈識狀態業風變幻吹，習氣心性抱於胎網中，
產生血肉暖氣五蘊體，於今獻供虹身願成就。

此表三時積累諸善根，以此念見無漏之智慧，

印證三輪周遍大清淨，本性住大圓滿境界阿。

保密吧！

會供開初，先以七句迎請請偈祈請三遍後，觀想西南妙拂洲銅色吉祥山蓮花光宮殿中，三根本總集普見鄔金大阿闍黎蓮花生，由持明海眾圍繞，如像雪片飄落湖面，無二無別，融入我與住處一切資具，以為加持。唵阿吽，貝雜格惹貝瑪托承雜，貝雜薩瑪雅雜，斯底帕拉吽雅，阿拜夏雅，吥吥！後從「請起蓮花生與空行眾」始，誦至「輪回苦海之中請救度」。

吽　從前劫始，阿吽，貝雜格惹貝瑪托承雜，貝雜薩瑪雅雜，斯底帕拉吽。以咒語念誦三遍。

威鎮情器心輪間，持明佛王多傑曲，

身色如塗珊瑚紅，透亮璀璨放光明，

一頭二臂相威猛，裸體飾骨挽頂髻，

兩手相交持鈴杵，懷抱瑜伽藍色母。

佛母手持刀顱缽，衣著裝束同佛父，

二皆神態極愛慕，和合無漏大樂中。

吽吽吽

蓮花頭鬘力大師，眾生大寶皈依處，

對我吐蕃眾有情，曾尤垂念賜庇護。

惡業異熟苦折磨，我等後來皈依徒，

尊師豈能忍拋棄？慈悲若偏不平等，

何有本覺成佛心？我等悲傷淚盈眶，

祈呼之聲可耳聞，心作一念憶功德，

請師以父悲垂護！請師示顯變化身，

對信徒眾賜加持！請隨師身空行眾，

對信徒身賜大樂！恭請觀想諸本尊，

對信徒語降威力！再請鄔金格惹師，

對信徒意降證悟！身降不變身加持，

語降梵音語加持，意降不亂意加持，

請賜無上功德力，請賜伏眾四業力，

請賜共不共悉地！

唵阿吽貝雜格惹貝瑪托承雜，貝雜薩瑪雅雜，斯底帕拉吽！

善哉！

## 三、根本祈願品

唵阿吽，貝雜格惹貝瑪斯底吽！

如是念誦各自根本咒後，若驅病魔八畏，念誦辛檔格惹耶娑哈，若祈壽求財，念誦布遮耶娑哈；若三度輪回，念誦瓦香格惹耶娑哈；若逐作害魔障，念誦麻惹雅呸。

接誦妙音所依精華百字明後，令使所願從一至十、至百、至千、至萬、到十萬、百萬、千萬、至億，直增到無數而盡成。

呼請某一本尊而曰：

汝等上師持明壇城聚會聖眾，或汝等兇猛華慶聚會壇

城聖眾，或汝等智慧空行壇城聖眾，具有以遍智普行慈悲事業，救度有情眾生不可思議的大威力，請淨除我等一切有情所有二障習氣！殊勝成就，願得佛性總集摩訶蓮花生大師果位現前，或得猛厲華慶總集果位現前，或得智慧空行果位現前！共同成就願得四業任運而成，或得八大成就！總之，請將共與不共兩種成就無餘賜授予我！

如是供贊而得成就後，接誦百字明。

唉麻火！

十方諸佛自性體，悲業速成勝他佛，
親許救度藏土眾，鄔金上師我祈請！
不忍熱望心中呼，慈耳從空請垂顧！
身處惡世邊緣時，地祇獻地鬼繼承，
蓮師請坐當方位！惡方人鬼興亂時，
善方蓮師請安慰！護法神背盟誓時，
蓮師請以印懾之！無誓死鬼作障時，
蓮師請將其收服！眾生心識鬼差遣，
蓮師請將鬼驅除！邪鬼中斷佛法時，
蓮師請猛力驅趕！邪魔毆鬥亂藏土，
蓮師用法力調伏！邊境交戰舉刀兵，
蓮師請退亂世敵！神鬼瑪摩瘟病蔓，
蓮師請用悲藥醫！牲畜農田受災時，
蓮師請賜財糧食！地脈不旺福運減，
蓮師請降臨運氣！佛法信徒施主等，
蓮師請讓使宏興！我等無法墜輪回，

滿願懺悔金剛散歌

蓮師請度大樂土！見修行位錯亂時，
蓮師請顯勝義相！今生來世與中陰，
請皆以慈悲攝受！無論罪若何發生，
皆請以大悲救護！
（以上為持明大師巴霍賴繞雜所作）。
善哉！

請獻剎土品

唵，貝雜補彌阿吽，供獻護摩金地基，嗡貝雜日奇阿
吽，外城圍繞中間吽。今以須彌山王、東勝神洲、南贍部
洲、西牛賀洲、北俱盧洲、提訶洲、毗提訶洲、遮末羅洲、
筏羅遮末羅洲、舍

撅洲、瘟怛羅漫怛裡那洲、矩拉婆洲和峭拉婆洲；以
珍寶山、如意樹、如意牛、天生稻、金輪寶、神珠寶、玉
女寶、大臣寶、白象寶、紺馬寶、將軍寶、大寶藏瓶；以
嬉女、念珠女、日月、寶蓋、勝幢，以及中間天人財富圓滿
具足淨土，獻予具德上師、歷代傳承具德師尊！獻予諸佛菩
薩聖眾，請以大悲愛心受用，送賜我與一切眾生共與不共諸
悉地！

大地塗香鋪鮮花，須彌四周日月飾，
心緣佛剎以獻供，眾生願皆度淨土！
札，格惹惹納，曼札布雜麥，嘎薩母札帝惹納薩麻雅，
阿吽！

寄願托事品

為使佛法弘傳，眾生得樂，我等瑜伽行者，在行息、增、懷、伏四業，或他利樂眾生諸事時，皆請來作暢順速成伴助！尤我師徒所護人財眷屬，在遇病魔逆境、禍殃憂苦、災年沖月等可怕災害及不順惡事時，請於息滅或退轉之！願具天趣七德，於四分圓滿，能得自由，常行十善正法，於解脫與一切種智果位，引渡事業悉皆成功！

依世凡夫所祈願，利他普賢著此典，
所求事業皆成就，願能饒益齊天眾！
吉祥，願一切吉祥！

所有本淨十方世界中，　三世如來一切人獅子，
我今無餘對彼諸佛眾，　以身語意敬信而頂禮，
以諸普賢行願清淨力，　今於一切佛意現識中，
化作剎土微塵恭敬身，　惟對一切諸佛而頂禮，
一塵埃上如塵佛陀眾，　及居菩薩眾中一切徒，
如是無盡法界盡無餘，　深信皆為佛眾所充滿，
悉皆讚頌不盡以大海，　種種妙音分支齊發聲，
極讚無量諸佛大功德，　所有如來我亦致禮讚，
淨妙數珠淨妙鮮花束，　各種鐃鈸禪仗寶傘蓋，
殊妙燈明殊妙薰香等，　以此今向諸佛作獻供。
淨妙衣物種種勝妙香，　細紛香囊與須彌等量，
莊嚴無上殊妙而神聖，　以此今向諸佛作獻供。
供品盈滿無比且廣盛，　皆為一切諸佛所歡喜，

以此信仰善行清淨力，頂禮一切諸佛而獻供。

因貪瞋癡煩惱支配故，由我身體言語及意趣，

所造種種罪孽盡所有，我今無餘一一髮露懺。

十方一切諸佛菩薩眾，獨覺佛眾有學與無學，

一切眾生任何諸福德，於彼眾後至心我隨喜。

十方任何世界救度母，菩提道次無貪證佛果，

催請彼等一切眾依怙，於今大轉無上妙法輪。

任何承許示寂彼等眾，今因利樂一切佛有情，

雖所有劫投生住世間，我亦雙手合十作祈請。

且致頂禮供養並懺悔，催發繼後隨喜作啟白，

所積微毫善業盡其有，證菩提故今皆作迴向。

至尊諸上師面前，資財微薄作懺悔。

諸位本尊眾面前，取捨現證作懺悔。

四部空行眾面前，違犯盟誓作懺悔。

護法保護神面前，食子逾年作懺悔。

三時父母眾面前，恩德未報作懺悔，

眾位師兄妹面前，情意淡薄作懺悔。

六道眾生之面前，悲心缺乏作懺悔。

諸別解脫之戒律，諸菩薩眾之學處，

諸大持明誓言等，眾過不瞞作懺悔。

不再復犯嚴恪守，懺淨三時所造孽，

請對身語意三門，賜共不共兩悉地！

唵　原始本初等覺普賢佛，金剛薩埵金剛如來佛，

　　大雄勇士救度眾生怙，大悲垂佑慧眼觀照我。

隆欽大圓滿心髓集要

阿　本來無生原本雖清淨，幻覺驟然出現妄念中，

　　　無明二取假相諸過犯，大淨法界佛母境界懺。

貝雜　密主宣示金剛誓言故，於身語意十萬薩瑪雅，

　　　任何背三昧耶破戒過，極度羞愧悔恨髮露懺。

薩埵　犯戒所成過錯逾期後，司管宿業金剛空行眾，

　　　降罪懲罰成為誅滅因，成今來世大獄因作懺。

吽　對欲明王原初金剛持，無以為緣離實修離懺，

　　　普賢本來圓滿明智界，無聚無離法爾盡作懺。

《懺悔王金剛三偈》曰：「拔出輪迴就是鐵變金。」《不悟佛法無明破戒》曰：「仲裁拯救眾生此口訣，原出普賢意境中，由蓮師為利後世眾生，寫成文字，祈願來世與親弟子相遇。」

薩瑪雅，嘉嘉嘉。願吉祥！

此經文是由飲血金剛賴吉旺波從原文中摘錄，

適應一切羯磨會供之簡供

讓火康（ར་ཡ་ན），唵阿吽，（ཨ་ཨཱཿཧཱུྃ）

供品妙欲智慧為莊嚴，會供施主持明上師等，

三座壇城二十四處主，勇士空行具誓護法等，

請降此地受用會供品！犯戒渝誓過錯今作懺，

內外障難請滅於法界，受用殘食事業請承辦。

唵格惹得瓦札格尼，嘎納雜札，布雜號烏測札，巴朗達，喀嘿喀嘿。

誦畢，受用成就聖物會供，恭敬頂禮業學總集主尊之後，結五相妙欲手印，遂念誦：

滿願懺悔金剛散歌

火　上師勇識請垂念，對此諸法善觀待，
　　對諸所供不生疑，縱婆羅門狗屠夫，
　　自性視一請受用！
　　對答此偈，阿闍黎亦結是手印而誦：
　　善誓如來勝法身，已斷貪欲諸障垢，
　　遠離能取與所取，真如聖德前頂禮！
　　阿拉拉號。

誦畢而取，兩手指結為五佛父母印，於金剛羯磨壇城，依內護摩儀規獻供。接由阿闍黎領首，與會者齊誦：

火　嚼食飲料正供品，原始廣大會供輪，
　　以唵阿吽哈火舍，化作無漏大甘露。
　　我自色身蘊界處，三位具足之自性，
　　百聖賢士壇城尊，一切活動皆大樂。
　　金剛誓言高無上，菩提心之供養雲，
　　平等無二請受用，瑜伽道次得圓滿，
　　不變成為食物障，以此無遮最勝施，
　　願能究竟大乘果！

總之，身為脈壇城，語為文字壇城，果為甘露壇城，乞為智慧壇城，明智為菩提心壇城，在此五壇城自性中，原本自然而有，知五指為妙欲五天女，將其看作飲食無漏甘露，獻予自己。此即謂之曰由神供神，受用食物會供，是為教授之精要部分。

上師勝樂前行施食品

# 一、投施紅白食子

觀想自身成為至聖觀音菩薩，心間放射光明，迎來屬鬼、當方神，獻供食子，使生歡喜。

接誦：唵，娑巴瓦悉達，薩瓦達瑪娑巴瓦秀多杭。

於空性中，將珍寶器皿中乾淨食子，變化由三白、三甜食物所成甘露大海。今誦唵阿吽三遍。接誦：唵，阿嘎繞母康，薩娃達磨囊，阿雅努埵納埵達，唵阿吽，呸娑哈。

吽　梵天帝釋四天王，　一切大天及眷屬，
　　善喜安止護貝等，　龍王無餘及眷屬，
　　日曜月曜大羅睺，　眾曜無餘及眷屬，
　　地主以及地母等，　地祇無餘及眷屬，
　　山神格年丹瑪眾，　護方神祇與藥叉，
　　人肉食者羅剎魔，　尋香閻羅瑪摩眾，
　　部多魔鬼與餓鬼，　內外八部守護神，
　　此供食子請受用！　勢至菩薩金剛持，
　　蓮花頭鬘阿闍黎，　教令誓言未納受，
　　我等瑜伽眷屬眾，　請賜四種業成就！
　　乃至我證菩提前，　成就事業請作伴！
　　回遮內外密障難，　所托事業請承辦！
　　以瑜伽我意樂力，　善逝如來所施辦，
　　空性法界諸種力，　供養天龍八部客，
　　利樂一切有情眾，　任何事相諸意趣，
　　及被種種之正理，　無障無礙願得生！

滿願懺悔金剛散歌

## 二、加持厲鬼食子

唵貝雜阿彌達，格札哩，哈納哈，吽呸，唵，娑巴瓦悉達，薩瓦達瑪娑巴瓦，秀多杭。

誦畢，進入空性。於空性中，從吽種子字化出珍寶器皿，其中厲鬼食子，變為色、聲、香、昧、觸圓滿五種妙欲。唵阿吽，（念誦三遍）唵，薩瓦布達，阿嘎喀雅！（念誦三遍）唵，薩瓦毗南納麻，薩瓦達塔嘎達，交毗肖母奇巴，薩瓦達康，烏嘎咳，伐惹納嘿芒，嘎嘎納康，嘎納唉得木，瓦朗達耶娑哈。（念誦三遍）

接於根本咒，念誦四吽咒：唵松巴尼，松婆尼吽，遮納遮納吽，遮納瓦雅，遮納瓦雅吽，阿納雅號，婆嘎瓦納，毗雅惹雜卓巴耶吽呸。

祈請鄔金大寶師，違緣障礙使勿生，
順緣意樂請成就，賜我共不共悉地！
唉麻火，
普賢極喜妙獅蓮花生，隆欽繞絳根本上師等，
意語耳傳上師今祈請，加持我把大圓密意證！
生起利樂唯一處，佛法長久永住世。
修持佛法瑜伽師，壽命勝幢願永固！
善哉，善哉，願吉祥！
吽　三時如來諸佛眷屬等，金剛具誓無餘請垂佑，
　　我今首發聖妙菩提心，正行持明菩提果位上，
　　為修身語意之金剛故，對諸本尊金剛阿闍黎，

如數所許秘密三昧耶，永不逾越觸犯佛教命，
否則因宿業故生地獄，貪欲瞋恚愚癡與我慢，
嫉妒諸惱有生髮露懺！金剛上師開示之明燈，
心中貶毀誓言有違犯；同一誓言金剛師兄弟，
惡意中傷邪見相對待，身之誓言有違髮露懺！
修持本尊手印不分明，念修真言數量有缺短，
六個時辰羯磨供不足，念修滿願儀規未實現，
依經不及依典無收益，語之誓言有違髮露懺！
金剛上師慈悲以恩德，經過耳傳授受於心間，
意密教授融入誓言中，逾越守秘界線妄胡言，
意之誓言在違髮露懺！尚未證悟諸法平等性，
分支誓言有違髮露懺！沉溺懶墮懈怠昏睡中，
念修誓言有違髮露懺！違越身語意守諸淨戒，
身語意誓有違髮露懺！
祈請畢，接誦百字明。
善哉，吉祥！

祈請蓮師密意速成品


唉麻火！
大海中央蓮胚上，五身佛智自然成，
蓮花生佛與佛母，空行如雲繞身旁，
我今恭敬作祈請，加持所願速證成！
行請惡業異熟力，所生病魔瘟疫障，

141

戰爭兵亂災荒等，我今怒請鄔金王，
允憶尊容即消除，加持我願速證成！
信仰持戒作施捨，日復一日成串習，
聞法心性生善故，知羞慚亦知悔愧，
智滿會集七聖財，自趣有情眾自性，
今世俱樂得慰安，加持我願速證成！
逢疾病苦不喜緣，部多非人鬼作亂，
水大猛獸險道危，頻臨死亡邊緣時，
無有依怙無所望，蓮師慈悲請垂護，
加持我願速證成！

（以上為遍智佛王久美嶺巴所作）。

唉麻火！

本淨無生金剛宮殿裡，任運福樂佛身蓮花生，
三本護法海眾功德高，現起請作雪域眾生怙，
外寇鬼域刀兵舉起時，持明空行主尊蓮花生，
大悲誓願勿失按時辰，伏魔九舞威力願即生。
法足收服野人匆忙時，上樂成就勇士蓮花生，
歡喜誅法事業到時機，勇猛金剛色身請生起，
邊荒眾生威協藏土時，無畏持戒大師蓮花生，
誅滅凶頑敵人到時機，威猛寶刀利刃請拔出，
敵世邊兵雲集交鋒時，怖畏四嚕迦相蓮花生，
以力鎮伏三界到時機，上樂金剛法力請使出！
法爾大淨平等大智慧，阿拉哈拉猙獰狂笑者，
一同現為瞋恚忿怒相，妖魔怨鬼心血請即飲，

太平等性寂靜法身意，現為上樂金剛勝色身，

　息除亂世外敵戰爭亂，藏土安樂事業請承辦！以上偈句，是在與外寇杜如嘎進行血戰時，由章娘久美所作。願其成為蠻人主謀者可怕的錘子！

　吉祥，願一切吉祥！

## 皈依福田品

　　　　面前珍寶剎土中，如意寶樹具五支，
　　　　珍寶綢幔鈴霓雲，花果鮮豔布虛空，
　　　　中間獅舉蓮座上，本師鄔金蓮花生，
　　　　手持金剛杵身藍，擁抱圓滿報身母。
　　　　頭上疊坐傳承師，本尊勇士與空行，
　　　　圍繞四周作隨侍。前方教主釋迦佛，
　　　　旁繞十方三世佛，地藏彌勒與普賢，
　　　　觀音文殊虛空藏，及除蓋障坐石旁，
　　　　左邊二勝聲聞眾，明鮮二具資糧田，
　　　　背面十二部分教，正法方便自發聲。
　　　　中間智慧所化現，具誓海眾與眷屬，
　　　　指解道燃智悲光，神采威儀放光明，
　　　　大德正士諸後學，我及父母敵部眾，
　　　　不親不疏三界眾，從此乃至證菩提，
　　　　信念純淨我皈依！

（以上為嘉樣欽則旺波所作）。

羯磨儀軌前行供養加持品

滿願懺悔金剛散歌

嗡阿吽於壇城中陳設各種資具，在修持者面前放置金剛杵及鼓樂等物，並依次供擺香、神水與驅邪香。

先持金剛杵，從吽字生五股杵善巧自性，念誦：吽帝恰，貝雜薩雅，吽！

次搖法鈴，從蒙字生鈴智自性，念誦：舍，母古蘭札，舍幹札蒙。

次擊鼓，從阿字生鼓普賢父母加行，無上大法音遍及三界，念誦：嗡，達磨達堵阿。

次燃香火煨桑，從讓字生慧火燃諸實執，火力生央字，央中噴火故，於空性中棄盡染習氣，煙霧圓滿妙香精氣流，三根本面前如雲使佈滿。

讓札惹納呸，桑哈惹納吽，央發惹納呸，桑哈惹納吽，堵拜布雜梅，嘎薩母札，發惹納薩麻耶阿吽。

布（ཧྲཱི）生珍寶器皿，內中忿怒母化作法界自在，變為甘露。念誦嗡，貝雜阿彌達，吽，加持三次。念誦康發惹納呸，桑哈惹納吽，嗡阿吽三遍，灑淨水，以「嗡娑巴瓦」予以淨化。

於空寂中，風火顱骨灶柱上，從阿生寬廣顱骨缽，中有五肉五甘露所化五智甘露與誓言甘露，融為一體，變作智慧甘露大海。嗡阿吽，薩瓦巴雜阿母達，吽舍！念誦三遍。

以讓央康（ར་ཡ་ཁ），淨化一切實執護摩食子，變為空性。於空性中，風火顱骨灶柱上，從阿生寬廣顱缽，內有六因施轉根本五毒慳吝等因，顯現血肉腦漿骨骼、心臟、肚腸等形象，化作具味自性食子妙欲蘊聚。

唵阿吽，芒哈瓦黨岱，佐瓦党，巴拉巴岱，古納薩麻耶，吽舍察！念誦三遍，以為加持。

於顱器中，從虛空生讓（）字，從讓（ ）字生鮮血瀑流降落故，輪回空寂，煩惱摧滅，變化無邊血海。唵阿吽，麻哈惹達，左拉曼札，吽舍察，念誦三遍。

從唵（）生珍寶器皿，內中吽（）字變出內外秘密供品，不可思議，量等虛空。

唵阿吽，阿爾港巴央，布恰杜拜，阿洛蓋幹，聶達，唵阿奴達惹，薩瓦布雜梅，嘎烏嘎岱，發惹納嘿，芒嘎嘎納，康娑哈。唵格惹帝瓦札格尼，達磨巴拉雜，吽榜號，薩瓦布雜，薩麻耶娑哈。

（此為佐欽。貝瑪仁增所作）。善哉！

以自己心中吽字光明，令其自然與上師無二明聚，蓮師壇城，天眾融合，圍繞十方三世一切皈依處，現於眼前虛空，使長而住。

 素煙遍刹普供法

淨土素煙普供法如下：

於乾淨麵粉中，摻拌酥油，使成油膩狀，再將果品、三
白三甜，珍寶、甘露、蔗糖等物攪拌其中，撒於無有炭渣之
潔淨火灰中，再撒淨水於其上。

接誦「向佛法僧眾中尊，……」等偈句三遍。

再誦「唵，索巴瓦……」等淨業觀空咒。

空性境界刹那意念盡，身成尊者喀薩巴尼身，

右手結作明顯供施印，前有大日如來剛欽措，

體內刹土全具從髻頂，至喉以上三寶作侍奉，

心輪至於臍間功德怙，下體慈悲觀音坐蓮台，

邪魔厲鬼冤孽明現中，心間咒語六字放光明。

供境使喜淨除施主障，三界無餘請變清淨土！

接誦：「唵嘛呢叭咪吽舍」百遍。

祈請：

南無如來藏心遍及諸眾生，發心務要廣大而殊勝，

芸芸眾生無餘要成佛，非是根器有情無一人，

請起請起具十力本尊，不誤時辰以大悲憫心，

垂念有情事業三寶尊，心意化現設供是聖地，

與佛眷屬無餘請降臨！

誦畢，廣大如海剎土客眾，不分尊下，普皆降臨，住於面前虛空。念誦:「唵阿吽」三遍，接作祈願:

願此素煙，化作金剛母身形妙欲天女，容顏美麗，音聲動聽、口吐芳香、肌膚綿潤，手捧天界百味甘露寶瓶，供養雲團無量無邊。能淨化情器世間冒瀆晦氣黑暗之頭頂上，有諸多佛寶。右手結施願印，消除貧窮。願皆化作無盡妙欲受用寶藏!

普供養咒

那瑪，薩瓦達塔嘎達，色雅白，毗肖木開巴亞，薩瓦達直，烏達嘎德，薩娑那嘿，芒嘎嘎那，康娑哈! 念誦三遍。

南無，以此素煙，獻予從法身普賢開始，乃至大具德根本上師之間所生意語耳傳一切尊師! 獻予九乘密法、經幻心三部、修部八大法行、內外續部、內外他三種時輪壇城之無數無量本尊聖眾，使我持明律儀及三昧耶所犯罪過，盡皆清淨復原，無餘賜我共與不共一切悉地!

唵阿吽，獻予外器世間五佛母自性、內情世間有情、勇士空行部眾，二十四處所、三十二聖地、八大寒林、空行、地行之主——具德金剛亥母、金剛瑜伽母、黑忿怒母與獅面佛母、格惹古萊與具光佛母、具德與增祿佛母、吉祥八天女、金剛忿怒佛母與山居佛母，及大佛母等密咒、明咒、陀羅尼咒之眾天女! 祈願一切違戒過犯復原，四種事業無礙成功，臨終不生解肢節苦;並請前來迎接，指引道路!

唵阿吽，獻予世尊釋迦牟尼為首賢劫一千零二佛、喜德等十方佛、燃燈、勝觀等三世佛;獻予舍利子、目犍連、羅睺羅等聲聞四對僧與八單僧;獻予二種姓獨覺佛、十六羅漢、

素煙遍剎普供法

147

隨侍羅漢等無量聖眾！祈請淨除違犯別解脫戒一切過犯，擺脫三惡趣及無暇境遇，得證聲聞，獨覺、阿羅漢果位！

唵阿吽，獻予聖者文殊菩薩為首之菩薩聖眾，八大隨侍弟子、金剛藏及慧無盡等賢劫十六菩薩；獻予法賢、常鳴等無量菩薩眾。祈願我能淨除菩薩經藏所述墮罪，一切體驗，於彼大乘聖道，無有障礙！

護法：

唵阿吽，獻予智慧宿業所成護法、瑪貢師兄妹、七十五華貢、勇士父續、母續及天龍、山神、當方神；獻予保護駐錫贍部洲與雪域善方居士之有名、無名一切神眾！祈請保護佛法、維護三寶地位、居時降雨世間，消除病災戰爭，護持我等瑜伽行者修法無礙！願與施主共住一所。

天龍八部：

唵阿吽，其次獻予天、龍、人及婆羅門仙人等修成正果之眾；獻予財神贊拔拉，俱生神、守舍五神、家神與地神等增生福澤權勢之四大神及住於山岩、森林等處神眾，祈請作我一切善業增長摯友！

唵阿吽，獻予乾達婆馬頭王樹、貪愛歌舞之極喜乾達婆、人非人城空間居住部眾為首之一切鬼類、具有血債宿業之冤魂、五百羅剎女母子、八萬種邪魔等等，祈請不作祟為害，不奪福澤權勢，拋棄兇暴怨恨！

唵阿吽，特別奉獻六道有情「五道續部、四生處所攝一切該憐潛者、貧窮所致兩種餓鬼、昨日或今晨、或去年某月某日，前生身軀已失，來世托身之軀未得，流於中陰道上，

悲慘淒苦、無人拯救、沒有依怙、前世所積無依，追索善根極少，四名所集體蘊，覺受苦厄自性，怖畏錯覺折磨、饑寒渴苦熬煎，壽命無定，如風鴻毛，飄泊無定，去向何處，全無自由。某某有情為主之中陰處所一切陰魂，願逢飲食受用豐滿聖地摯友而得悠閒！如是化現之際，即見觀音菩薩、除蓋障菩薩、於中陰而識中陰，知曉幻覺，遂念上師、三寶、本尊正見。惡業之障，剎那清淨，而於明智得獲自主。願能強行抵達極樂世界與蓮花光等殊勝剎土！」

煙供願佛生歡喜，具誓本尊願滿意！

六道有情願足飽，冤魂孽債願得償！

三界清淨土，三世慈悲客，無餘周遍食，依此法性力，無盡妙欲寶藏請受用！

一切猶如虛空藏，但願受用無間斷！

無有爭鬥無傷害，願能自在而受用！

「任何罪孽亦不造」等法施與祈願迴向也要進行。

以上祭文，為饒迴多吉以利他之心而作。

依葷煙回贖自他死亡頌

首念唵阿吽三遍，

葷煙妙欲如大海，供養三寶眾賓客，

食物近取雖不存，觀為供境而獻供，

我等福德資糧圓，願能即刻見佛智！

功德依怙賓客眾，觀為無漏甘露供，

消除障礙不順緣，庇護我今修菩提！

六道慈悲眾賓客，得見各自歡喜食，
請當無盡藏享用，歡娛滿足隨喜畢。
願能遠離種種苦，對諸邪魔冤魂客，
勝負無爭作迴向。各自心中有何求，
變作無盡受用物，斷除血仇與冤債，
禍心仇恨願清淨！尤對他人身性命，
胸懷瞋恚諸藥叉，食肉羅剎及鬼魅，
盜壽奪色害性命，貪求血肉眾鬼祟，
普供葷煙此妙欲，請樂受用成順緣！
拋棄瞋恚粗暴心，菩提心今願得具！
依無欺騙之因果，三寶佛法僧真諦，
依我清淨意樂力，以及諸大悲憫力，
從彼夜叉鬼卒口，守護自我身體般，
終歸自他雙有益，暫時死亡恐怖中，
祈願解脫眾生命！任其何人涉此地，
或於地上或虛空，部多雖能傷害人，
本性若生菩提心，斷絕害人邪意念，
解脫種子願得生！

以「一切法皆從因生」等偈句，迴向善根。

　　總之，時間本無常定，再加早晚時分，夜叉鬼卒常來危害他人性命。若於是時，以葷煙為祭，並以自性具足大悲菩提心，行此法施、財施，使其成為共同煙祭，必生無盡利樂。

　　此煙祭頌文，乃是持明欽孜拉，受龍薩巴與曲丹巴之請而寫。

# 天龍八部神飲供養儀軌

稽首喇嘛眾師尊！

若欲上供天龍八部，需先於潔淨器皿中，用糌粑造四層須彌山，上貼四瓣酥油片，其下四周，做八種神饈，次下擺七種藥丸，再下遍散粉團、糌粑、擺供新酒、新奶、各種鮮花、各種藥草樹枝、三白三甜食品、肉類、血類、藥物及各種綢緞等物。首作皈依、發心，後觀想自己所修本尊，以六咒語加持諸供品，入於禪定，如是祈請：

吽 三身三傳承上師，本尊靜猛持明眾，

　皈依之處三寶尊，空行財神護法眾，

　一切我所皈依境，以此供品作供養，

　飲料聖潔請受用，將我所求事成辦！

　神之主宰帝釋天，龍之主宰善歡喜，

　非天主宰淨心天，人非人界馬頭王，

　藥叉之主滿堅王，大鵬鳥王金眼聚，

　護法摩哈迦拉神，具五髻者尋香等，

　外間八部鬼神眾，以此供品作供養，

　飲料聖潔請受用，將我所求事成辦！

　黑色魔主獨一父，紅色雅秀贊大王，

　恰桑龍子土地神，生命之主掏心王，

隆欽大圓滿心髓集要

紅色夜叉護法神，怖畏吐電天神女，
善知識師金剛善，日月頭鬘迦摩等，
內裡八部鬼神眾，以此供品作供養，
飲料聖潔請受用，將我所求事成辦！
曜聖哲贊圖木波，星聖禪香喀陶爾，
魔聖哲贊圖木波，母聖巧舌執海螺，
龍聖護螺海龍王，怗聖那波德迦爾，
王聖黎辛哈惹等，神聖八部鬼神眾，
以此供品作供養，飲料聖潔請受用，
將我所求事成辦！右臂所變之戰神，
左臂所變之瑪摩，唇齒所變之妖魔，
頭顱所變羅剎鬼，左手所變之龍贊，
眼睛心房與獠牙，三者所變凶煞等，
神變八部鬼神眾，以此供品作供養，
飲料聖潔請受用，將我所求事成辦！
喘氣黑狗土地神，守門黑人水龍魔，
大地女神是丹瑪，四大天王護方神，
七十五位依怗主，此地所有當方神，
男神戰神生命神，母族神與女眷神，
世間八部鬼神眾，以此供品作供養，
飲料聖潔請受用，將我所求事辦成！

　　如是祈請畢，將供品食子送至乾淨場所，不管是防雹、
侍供、遷送替身靈器，還是拋棱剪綵儀式，均離不開天龍八
部供養法。若無是法，猶如幼童造屋，終無結果。

此文為怒欽桑吉蓋希所作。

善哉！

諸如防雹此類事，供諸淨潔之供養，

神飲潔淨請受用，引領冰雹到山澗，

岩水作敵降彼處，莫使打壞好莊田！

天龍八部·神飲供養儀軌

# 銅色吉祥山祈願吉祥密道

唵阿吽，貝雜格惹貝瑪斯底吽！

自性清淨離想勝光環，具明無滅樂空報身力，

化身剎土堪忍莊嚴分，銅色吉祥山中願降生！

贍部洲地中心金剛座，三時諸佛轉法輪聖地，

彼土西北妙拂楞伽洲，銅色吉祥山中願降生！

莊嚴天成孜達持地峰，根基安止龍王作頂冠，

山腰欲界空行聚會供，山頭似抵色界禪定天，

銅色吉祥山中願降生！彼大山王頂首無量宮，

東方水晶南方綠琉璃，西紅寶石北方藍寶石，

無內無外明澈似虹霓，銅色吉祥山中願降生！

回廊牆角外屋虹紋旋，供女臺階磚牆與懸珞，

簷瓶欄杆門飾與禪房，法輪傘蓋表義徵具全，

銅色吉祥山中願降生！如意森林樹木甘露水，

寬廣草坪藥土飄香處，仙人持明烏群蜜峰飛，

三乘法音高喧歌表示，銅色吉祥山中願降生！

廣大無量宮殿中心位，珍寶八瓣蓮花日月上，

善逝總匯自現蓮花生，三身總集住於虹光中，

銅色吉祥山中願降生！凡彼深明大樂智慧力，

空性現為大悲幻化中，十方周遍特別於藏土，

不斷示現千百萬化身，　銅色吉祥山中願降生！
右排列坐印藏持明眾，　光明現化無邊金剛樂，
左排列坐印藏得道師，　講修證悟辯經法音高，
銅色吉祥山中願降生！　周邊中間二十五王臣，
化身伏藏大師眾中尊，　正行住於九乘妙法輪，
修持意念似釘不動搖，　銅色吉祥山中願降生！
四面八方角落回廊中，　住滿勇識空行天女眾，
金剛歌舞變化似魔法，　呈獻內外秘密供養雲，
銅色吉祥山中願降生！　其上報身無量莊嚴中，
持蓮世間自在觀世音，　羅剎壇城廣大眷屬繞，
分別習氣邪魔碎為塵，　銅色吉祥山中願降生！
其上法身剎士歡樂地，　本明妙智性空普賢佛，
大日持明徒對示法語，　佛徒意趣事業平等地，
銅色吉祥山中願降生！　四門護法四位大天王，
內外秘密神鬼八部眾，　差遣去把外道冤鬼調，
具誓海眾獲獎勝鼓擂，　銅色吉祥山中願降生！
如是佛土莊嚴明憶起，　於彼外境銅色吉祥山，
以自有境內明祈願力，　自身於是娑婆莊嚴中，
自覺銅色吉祥山現前，　尤以甚深生圓勝緣起，
三脈五輪結節雖解開，　心間銅色吉祥山宮中，
俱生智顯功用圓滿後，　自性蓮花生師願謁見！
資糧加行見道與修道，　及無學道形成光環中，
從極喜地乃到普光地，　其中金剛密乘二聖地，
尤其稀有光明大圓滿，　不共殊勝智慧上師地，

無為自然境界得圓成，本性蓮花光中願解脫！
如若意趣功用未圓滿，啟情祈願猛厲而引發，
一旦死亡強行生起時，蓮花使者空行善舞女，
現前降臨緊握行者手，如喀欽薩、古那納他般，
請將我引蓮花光佛刹！法界根本清淨之真諦，
三寶三根本眾大悲憫，使我祈願如意成就後，
願作引度眾生一商主！

如是趣入與自性變化刹土無別之殊勝妙拂蓮花光刹土祈願吉祥山密道，是為滿足耳傳金剛王妃瑜迦行者達瑪格德諾言，在具德鄔金法王與佛母大悲月光照於心間之加持中，由精通光明大圓滿現前要義的瑜伽師四嚕迦，即貝瑪旺欽作于桑耶欽普色究竟天空行會堂妙華洞禪榻上。

銅色吉祥山祈願頌
唵阿吽，貝雜格惹貝瑪斯底吽！
西南妙拂銅色吉祥山，兜率無量佛刹蓮花光，
百奇變幻周遍莊嚴土，銅色吉祥山中願降生！
三身佛刹佛眾無數量，其間種姓主尊蓮花生，
靜猛形相所化任示現，殊勝持明尊前願降生！
自知自我一般信仰堅，受師授記灌頂得慰安，
種姓四相道路速證得，無量眾生願幻變引度！
（以上為持明勇士熱剳所作）：
唵阿吽！
法身大日報身觀世音，化身蓮花生師威猛尊，

祈請以大慈悲賜大力，內外秘密障難法界息，
濁世有情痛苦逼迫時，除您無何指望從內心，
信解激情充滿作祈請，祈轉逆緣內外密障難！
福壽增長運氣願暢通！

（以上為名叫虹身金剛之伏藏師所作）。

## 三身佛剎淨治祈願誦

嗚呼吁嗟持明蓮花生，惡運如我濁世有情眾，
雖欲求樂反做受苦事，精進顛倒諸眾指望誰？
妙拂洲人慈悲予照護，請即引度銅色吉祥山！
如同你似具大慈悲佛，離棄藏人前赴妙拂洲，
紅面藏土獼猴子孫眾，今生來世寄望皈依誰？
妙拂洲人慈悲予照護，請即引度銅色吉祥山！
本性愚幼未熟諸有情，聞思實修年歲已衰老，
六度教義不通似盲人，大種隱沒次第生依誰？
妙拂洲人悲憫予照護，請即引度銅色吉祥山！
雖已信解趨入十善道，用心考察八法摻虛假，
不覺不善異熟力染汙，中陰墜地獄時指望誰！
妙拂洲人憫悲予照護，請即引度銅色吉祥山！
嗚呼一旦壽命終結時，體澤消失呼吸氣息促，
支撐風息聲嘶力竭魂，同親愛心切斷聯繫時，
解支節苦願不猛烈生，空行迎接光明願顯示！
嗚呼地水火風以及空，五大隱沒次第煙陽焰，
螢光燈焰光明燃亮後，細微隱沒次第現三相；

密道　銅色吉祥山祈願吉祥

一是心識融入光明界，猶如晴空日月羅睺食，

彤彤紅光部分入心間，隨後光明融入增相處，

猶如窗戶內中月亮照，道道白光漸漸向下降，

再後增相融入近得相，猶如無雲晴空暮色濃，

黑光升起沉迷藏識中，復次持命入氣分離故，

些微復蘇原始火光中，明淨朗徹如秋晴虛空，

住於明空無遮狀態中，當時所顯本淨無識界，

平庸善慧本淨不覺中，尋得決定以是等持力，

原始本空明澈隱密孔，具六竅法普賢意境中，

剎那之間願得其要義！第一中陰若未得解脫，

融入法爾自然光明中，音聲光明羅列壇城等，

入融入法光明出現時，法性中陰道上識本覺，

猶如兒投母懷願解脫！彼時為聲所恐怕光明，

受身明相牽動未解脫，可借法身真諦師加持，

從自錯亂夢境微醒中，自性化作剎土蓮花孔，

於中降生輕鬆願解脫！九乘次第超越一切義，

以入光明大圓滿道力，一旦進入原本胎息時，

就此解脫聲光地動搖，五類情苦靜猛幻影等，

皆在順緣覺受願現前！持明我自增上意樂淨，

法性本自規律無定性，真諦力生三界有識者，

尤為因緣所攝眾有情，於彼四身佛剎妙喜地，

聚會一處願同得解脫！

　　以上修習三身剎土祈願誦，是在自然蓮花語靜地兜率
金剛石窟中單獨靜修之時，一日清晨，眼前突然出現黑豹山

峰，由是因緣，隱約看見山頭有師徒王臣諸眾降臨，調伏鬼神，觀光遊山等諸多景象，但現已記不清楚。由此更加相信，一切有為法均屬無常泡影，雖自覺還能多活幾年，但又心想：不定何時要去彼一世間，因而生起強烈出離之心，念起鄔金蓮師及其徒眾，不禁潸然淚下，因此，當即祈禱催發心願，並將中陰現分解脫法作為正文寫下。此於薩霍爾亦可通行之祈願文，乃是夏札欽孜奧巴所著。

銅色吉祥山祈願吉祥
密道

**隆欽大圓滿心髓集要**

具德普賢佛我致頂禮!
原始義理自性離戲論, 非是實有對此佛未見,
非是無有有寂周遍基, 非是矛盾超越所詮境,
大圓基理我今願現證! 自性空故解脫於常邊,
本性明故遠離於斷邊, 大悲無礙種種變化基,
雖分為三義理無差異, 大圓基理我今原現證!
不可思議遍離於增益, 有與無之偏執從根除,
詮釋是義佛舌亦遲鈍, 無始無終廣深大明界,
大圓基理我今願現證! 自性清淨無生本淨上,
現起任運無為自然光, 不取一傍智空大雙運!
得現證故意趣達限量, 願於道次要害無錯謬,
原本淨故取見亦不存, 自性明故所修無禁錮,
不緣曜故行動無羈絆, 自性入胎離戲赤裸狀,
願於道次要害無謬誤! 善惡分別不落入偏執,
無記平等行舍未散延, 直解無偏恍惚任運境,
取捨本無遍知自性狀, 願於道次要害無謬誤!
原始根基猶如虛空廣, 本明智慧似空雲飄浮,
於外明智於內倒回轉, 具六特徵瓶身光環中,
殊妙果位要領願證得! 本來自明普賢原始佛,

所得欲望全皆滅法界，非能想像大圓滿自性，
空明普賢佛母空界中，殊勝果位要領願取得！
極無所住大中觀要義，遍及廣深無邊大印狀，
離邊無際大圓滿精要，地道功德圓滿任運中，
殊妙果位要領願取得！
隆欽心要廣甚深，攝邊奧妙此祈願，
乃護法神熱胡拉，受完德采之請作，
弘傳密法有要義，為祝願達究竟故，
由虛空藏賜加持，今對貢寧持密者，
解開妙義托密護，願利生事與王齊！
願吉祥！

# 成熟真言劄尼達遍智入門

向諸成就大海生處上師三寶及眾菩薩頂禮皈依，祈請賜授加持！

祈願我從今生乃至世世代代均得十八暇滿寶貴人身，並成為至尊具德上師善化眾生！

祈願以增上生和解脫位生處聞、思、修三者調伏自續，成為佛教大寶後學信徒！

祈願洞入佛門根本出離，厭世四相於心自然生起，視無邊輪回諸事猶如牢獄火坑！

祈願深信因果無期而對細微善惡亦能做到取捨！

祈願親友喧鬧惡因諸事無礙，修習菩提而依三寶護持，入學三士道！

祈願對於善逝體性總匯大恩德上師不存持疑，棄舍作為同等人看待邪見，而視其為真實佛陀！

祈願以是威力能表為喻四灌成熟三門，而入無上金剛密道！

祈願敬信結合入於正道，所表意義傳承於我，證悟等同虛空！

祈願實修生起摩訶瑜伽圓滿，情器知為三種壇城入於持明四相地，成為佛子蓮花生與毗瑪拉！

隆欽大圓滿心髓集要

祈願實修教言阿努瑜伽圓滿，生死涅槃取捨尋思化為樂空無二自性成佛，並能教治兜率密嚴剎土！

祈願實修大圓滿阿底瑜伽圓滿，有法明相法性境界滅盡，童子寶瓶身中解脫，變作持明噶熱多吉！

總之祈願從我修習菩提正行開始，三門所做諸事皆成一切芸芸有情眾生事業！

祈願無論何時片刻不生迎合非是佛法世間之心！

祈願如因業力習氣成為強悍而生顛倒心時，不使能得成功！

祈願若為他事為畏奉獻生命，變如青年頓珠一般！

祈願自他二事趨達任運之地，成為能拔三界，脫離輪回大海，具有不畏十力四相功力者！

做是遠離欲望之祈願成為圓滿順緣，是由佛及佛弟子所許。

做是遠離欲望之祈願成為圓滿順緣，是由佛及佛弟子所許。

向諸論真言仙人頂禮！

唵達熱達熱，貝達熱，貝達熱娑訶！

願善業興旺增盛！

願具足強大威力！

願惡業迅速滅盡！

咱雅咱雅，斯德斯德，帕拉帕拉，阿哈夏薩瑪！瑪瑪皋朗薩曼達！

願一切吉祥如意！

善哉！

# 佛法前弘期法王歡喜教言

於此末劫之時，催動三根本本尊心續，請弘佛法心要（中觀見）大寶！僅此一想之信，就可具足無量功德，圓滿佛弟子祈願，並於生生世世皆遇佛法與佛法心要密乘，予以護持弘揚。因此，為從多方速達佛慧目的，善緣弟子務於每時每刻，特別要於眾人集會之時，作是祈請。

南無！

十方如來佛眾與佛子，特別無上釋迦牟尼佛，

八大菩薩羅漢尊者眾，智悲大德聖哲請垂顧！

利樂源泉佛法大寶藏，導師菩薩勇識聖者眾，

每每艱辛尋求思深義，海生佛之教法願廣弘！

親教規範法王之化身，藏土譯師印度班智達，

經藏持明傳承本尊眾，瑪摩依怙羅睺喜金剛，

三種密續傲慢勇識眾，前弘三本天眾請垂顧！

佛法經藏密乘所有法，以大慈悲迎至雪域者，

胸懷廣極弘揚金剛誓，海生佛之教法願廣弘！

一切諸佛身語意金剛，三種依怙菩薩幻妙樂，

利益雪域光明如日升，海生佛之教法願廣弘！

佛及菩薩諸大聖者眾，刻意顯示種種變化者，

無垢佛法寶幢高舉起，海生佛之教法願廣弘！

對共不共全部佛經典，自覺無誤譯校並厘定，
首開雪域光明之大門，海生佛之教法願廣弘！
教化徒眾對諸顯密法，自行實修不依於外力，
佛語注疏經論皆圓通，海生佛之教法願廣弘！
說諦佛語無邊大海中，甚深經藏珍寶為莊嚴，
顯密兩種妙道雙結合，海生佛之教法願廣弘！
稀有薩霍堪布之正行，無比具德龍樹之正見，
雙運傳承教規作印記，海生佛之教法願廣弘！
正妙三部內續意精髓，從共口訣秘密聖道始，
抵達虹身法身最神奇，海生佛之教法願廣弘！
無量靜猛遍主八修部，受命持明各個意精華，
總匯蓮花教規聚一起，海生佛之教法願廣弘！
因乘果乘密咒之大乘，圓滿無謬持明之傳承，
空行丹腹股股暖氣燃，海生佛之教法願廣弘！
金剛大持甘露精密義，千萬賢哲從口到耳傳，
推理下劣未摻自造假，海生佛之教法願廣弘！
珍寶飾金大地作酬勞，難買法界空行心密法，
唯以悲滔普化有緣徒，海生佛之教法願廣弘！
自性原本清淨智慧上，現起本性任運天成光，
超越愚修心體大圓滿，海生佛之教法願廣弘！
貪著有無偏執所緣滅，邊執見之感受從根除，
基道果位現空為雙運，海生佛之教法願廣弘！
三時諸佛密意究竟義，深寂離戲光明無為法，
明空不壞金剛之源流，海生佛之教法願廣弘！

廣聽博聞教言密雲布，駁伏對方教理雷電閃，
口訣要義甘露融心肺，海生佛之教法願廣弘！
殊妙阿底瑜伽密道中，諸條示現眾佛智慧身，
遍主文殊金剛修成者，海生佛之教法願廣弘！
以彼真實三量獅吼聲，使諸愚見餓鬼皆荒恐。
妙乘獅子音聲遍三地，海生佛之教法願廣弘！

佛法一切圓滿妙衣上，光明金剛頂戴美莊飾總以賢善大德之傳記，使廣弘傳佛法諸事業，

持教正士遍滿人世間，海生佛之教法願廣弘！
具德上師年壽願永固，佛教施主權勢願增上！
佛俗二法不滅寶幢舉，海生佛之教法願廣弘！

一切諸佛體性具德等覺蓮花生，誕生於無死海中佛法，稱作前弘寧瑪佛教者，乃是佛法大圓滿根本，也是正確見、修佛所歡喜的妙道，因此，要如寶珠擦拭乾淨，供於幢頂首，讓有緣有情，關注講、辯、著三種偉大事業，將其弘傳至一切方所。

如是所說如意成就祈願文，乃是對早期佛法無比忠誠的彌旺嘉樣朗傑嘉措，為住劫緣起之善，於午座之間，憑其所現而作。

願吉祥圓滿增長！

# 祈願弘法略要

唉瑪火！

原始依怙普賢等，過去一切佛事業，

以是無上真諦力，密乘教法願廣弘！

十方諸佛眾佛子，慈悲饒益諸眾生，

以是遍智垂顧力，密乘教法願廣弘！

普賢觀音阿彌陀，蓮師身語意功德，

以是事業真諦力，密乘教法願廣弘！

合格傳承之上師，無上功業及法行，

有為無為積善故，密乘教法願廣弘！

上師元壽永堅固，僧眾言廣意隨順，

法行日益增長故，密乘教法願廣弘！

四傳三寶諸聖眾，上師本尊與空行，

護法保護神威力，密乘教法願廣弘！

以此清淨發心祈願種，遍及芸芸眾生成熟果，

普天教化願求遍熟後，無餘引度上師我願成！

此《祈願弘法略要》，乃是遍智智美沃色，為弘揚密乘佛法，順應僧眾意願而作。善哉！

# 隆欽心髓・護法瑪貢江札
# 兄妹修法儀軌

頂禮飲血華慶尊，上師佛密意具足，
非比普遍大護法，三兄妹業今示現，
紅岩海島大寒林，具大靈光修法處，
設各所需供食子，正見嚴謹有力故，
明觀自成大華慶，心間放射大光明！

光中化出（讓央康），照射供品食子，從讓生火，燃焚
不淨，康中生水，洗滌垢障，央中生風，吹散汙穢，蓋生人
頭三角灶，上置天靈蓋骨碗，外部雪白，內裡鮮紅，大若
三千大千世界，內外食子分別從（唵阿吽）生五肉五甘露自
性，量等須彌大海而滿。央（ཡ）中生風吹動，讓（ར）中
生火燃燒故，顱碗甘露沸騰。在五股金剛杵嚴飾中心部位，
有唵阿吽（ཨོཾ ཨཱཿ ཧཱུྃ）字形，從中放射光明，迎來十方一切諸
佛智慧甘露，融入顱器甘露中，成為生起一切九欲智慧甘露
之自性。

唵阿吽，薩瓦巴雜阿磨達，吽舍察，念誦三遍。麻哈瓦
領達，吽舍察，念誦三遍，麻哈惹達，吽舍察，念誦三遍。

再觀已面前，一切情器世間本母壇城血油翻滾，巴達
熾燃無量宮，十位護方神，頭為四壁，上面釘有天鐵釘；八
大天神為支柱，八大龍王為棟樑，八大羅睺為椽子，行星相

168

連為毛椽，若札為頂，鱷魚為坊，紫黑法輪，上撐傘蓋，左右小鱷相望，獅虎熊羆等猛獸頭顧做女牆，成捆仇怒毒蛇之上；掛著頭顧骨片串連之瓔珞、半瓔珞，供女臺上，供養天女舞蹈。從東北方依次四角，有金剛杵、天鐵、錦緞及四大血幢。大宮殿外層顧骨鐵城中，住有閻羅妖魔與羅剎眾。週邊黑牆圍繞，其間有大寒林，腐屍、爛屍，敗屍橫地；虎、豹、熊、羆、蒼鷹、鷲鳥、天鵝等各種食肉動物，處處皆是。在寒林樹、刺樹和荊棘叢林邊緣，有無量夜叉、野人、起屍、非人、本母、空行會集。總之，寒林資具無所不有，到處是可怖的劫火與金剛圍，其中心部位，有四業自成之處所三角顧骨堡，範圍與法界等量，中間各種人屍坐位上，有密乘之黑主母忿怒佛母，普賢佛母的化身，及與世出世間一切大佛母同一自性之隨從——白母眾、黃母眾、紅母眾、深藍母眾等天母，無量無邊。彼等或著華麗裝束，或示忿怒面容，或含色欲微笑。總之，由智慧與宿業所成之本母空行眾，由形態與名相分別所成之一切種類，以及寶輪印記母之化身十二具誓本母，語化身五大空行母，業化身十二丹瑪母。其右邊有加行骷髏鬼，具德智慧依怙所化現之五部怙主，七十具德怙主化身及其眷屬等；左邊有誅滅骷髏鬼、聖生金剛善、千部獨腳鬼等；背後有秘密骷髏鬼卓崗、曜魔、八羅睺鬼、四冬茂等；前方有隱形財神、寒林天、佛殿與寺院守護神，化現的財喜龍王、供品夜叉、食物女鬼，以及身穿黑綢高司衣，右手持鐵勾，左手執寶鏡的惡紅安乃母與八大兄妹等。總之，在世間三母壇城中，以誓言與慈悲居住的

護咒勇識諸天等，均需從其自然隨住之所，迎請降臨。

## 一、以誦命咒，奏樂迎請

交　鮮血海具鐵圍牆，寒林遊戲無量宮，
　　三角顱城屍座中，黑烈焰面忿怒母，
　　埃嘎刽帝單髻母，獨目周遍觀三時，
　　毒牙威攝敵性命，松石髮辮色深藍。
　　右手握敵之心臟，左作狼鴟爭頭狀，
　　雙足邁作力士步，身化十萬瓦茂相，
　　語化姊妹空行眾，意化身是黑蒙茂。
　　功德事業難思議，請同眷屬齊降臨！
　　右邊合抱骷髏鬼，是大華巴黑瑪囊，
　　示極忿怒羅刹面，三目骷髏作頭飾，
　　黑活毒蛇髮辮飄，手舉利刃與繩索。
　　身依怙騎斑斕虎，語依怙持紅琵琶，
　　意依怙手持彎刀，功德依怙黑具善，
　　事業依怙札夏及，無龍星曜十護方，
　　九大威德四天王，七十華貢眷屬等，
　　從兜率天清涼園，須彌山頂天球面，
　　自性居處請降臨！左邊誅滅骷髏鬼，
　　賢聖金剛明點力，身色如象烈火燃，
　　白綢披肩虎皮裙，手執敵心金剛杵，
　　胯下坐騎白獅子，兄弟眷屬三百六，
　　泰章孟巴千部眾，天龍八部及隨從，

從羅剎城布日山，從衛如夏神殿等，

任何險峻寂靜處，剎那之間請降臨！

札惹哈，唉嘎劄帝，麻麻交，麻哈嘎拉，夏薩納咱，

遮，貝雜薩杜，麻麻雅雜。

誦畢，以音樂聲與大葷煙迎請。

## 二、請入坐

交　大師妹今請入坐！大師兄今請入坐！

雙修骷髏鬼請坐！眷屬隨從皆請坐！

## 三、獻供

交　禪定所化聖地上，所供還願神聖物，

實設即從意念生，菩提心與芒果露，

勇識標誌甘美酒，動物光澤以滿願！

種種鮮血心房血，三白三甜六味食，

急需巴朗與食子，觀賞供品以滿願。

三節白藤修法物，配合毒血為根因，

活血升騰溫熱氣，貪欲者使滿心願，

智慧硃砂淨瓶帽，紅色絲帶黑藍帳，

絲線頭與人皮心，同宗私生子血肉，

黑色綿羊空皮筒，靠背顱鼓脛骨號，

各種供物以滿願，烏鴉黑羊黑毛狗，

人狗牛馬死後屍，果實種種與靈器，

滿願物以滿心願，黑犏牛馬刀下心，

具德依怙使滿願。山羊血肉與葷煙，
學法善士使滿願。血肉心肺山羊肝，
飲食眷屬使滿願。紅白乳品馬兔肉，
寒林主母使滿願。總之情器諸世間，
六根所系行境內，以合自心神聖物，
化身眷屬使滿願。尤其於此末劫時，
世間苦樂出本母，五大亦即五母界，
故稱世間為本母，法界雖無妄分別，
功用現為化身時，分辨善惡之本母，
暴躁忌恨性兇惡，不善瑜伽方便法，
世間處於愚昧故，任諸天女誓言戒，
全皆不予以接受，紅白爐烤燒燎等，
所行違願諸事業，今向你懺請寬容！
法界請莫降天譴，骰子小石莫攤擺！
鱗板災疫莫顯示！彩船病袋莫打擊！
耗損莫放它轉移！誓言對治得滿願，
再以息增二業眷，懷伏自如誅滅法，
四業悉地請賜我！

次作滿願供新鮮新食物，不可太少。

火　於色究竟大樂佛剎土，祈請普賢法界大佛母！在
二十四變化聖地，祈請本母空行佛母！祈請密乘黑主母與忿
怒佛母！祈請埃嘎支六兄弟！祈請彼等二十四位女僕！祈
請五十八位女婢！祈請千千萬萬下奴！祈請奎宿熱瓦地！
祈請欲界自在母！祈請四位肖那母！祈請四位地主母！祈

請四位大德母！祈請寒林主母姐妹！祈請贊孜迦自在母！祈請修命黑屠母！祈請煙墨天女！祈請金剛勝威猛天女！祈請姊妹十二丹瑪等化身、復化身與再化身！我今獻供作供養，請護持密乘佛法！請作瑜伽師依怙！請增持教善士！教敵出現請掏心！魔障出現請斬首！毒害發生請放鷹！詛咒發生請倒轉！請消逆緣與障難！不管有何意願皆請剎那予承辦！

火　祈請以悟度我普賢佛！祈請三毒如札冤敵忿怒明王、大神華巴、黑瑪囊！祈請騎虎身依怙！祈請紅琵琶語依怙！祈請鉞刀意依怙！祈請具善功德依怙！祈請札事業依怙！我今獻供作供養，請護持密乘佛法！請作瑜伽師依怙！請增護教善士！教敵出現請掏心！魔障出現請斬首！毒害發生請放鷹！詛咒發生請倒轉！請消逆緣與障難不管有何意願，皆請剎那予承辦！

火　祈請梵眾天之依怙帝釋與梵天！祈請自在天與遍入天！祈請六面天與他化自在天！祈請象鼻天與本格拉！祈請龍之依怙無邊與安止！祈請護貝，力游二龍王！祈請蓮花、大蓮二龍王！祈請具種，廣財二龍王！祈請仙人依怙日與月！祈請火曜與水曜！祈請木曜與金曜！祈請土曜與羅睺！特別祈請大遍入！祈請毗努熱雜，惹胡拉！祈請毗哲巴札，祈請薑俄札波，祈請杜瓦居士，祈請杜波惹地，祈請毗那雅嘎等雷電惡兆主所變之八曜四冬茂！我今獻供作供養，請護持密乘佛法！請作瑜伽師依怙！請增持教善士！教敵出現請掏心！魔障出現請斬首！毒害發生請放鷹！詛

咒發生請倒轉！請消逆緣與障難，不管有何意願皆請剎那予承辦！

火　祈請行星依怙昴宿與畢宿！祈請觜宿與參宿！祈請井宿與鬼宿！祈請柳宿與星宿！祈請張宿與翼宿！祈請軫宿與角宿！祈請亢宿與氐宿！祈請房宿與心宿！祈請尾宿與箕宿！祈請斗宿與牛宿！祈請女宿與虛宿！祈請危宿與室宿！祈請壁宿與奎宿！祈請婁宿與胃宿！

我今獻供作供養，請護持密乘佛法！請作瑜伽師依怙！請增持教善士！教敵出現請掏心！魔障出現請斬首！毒害發生請放鷹！詛咒發生請倒轉！請消逆緣與障難！不管有何意願，皆請剎那予承辦！

火　祈請護方依怙與火神！祈請閻王與羅剎！祈請水神與風神！祈請財神自在天！祈請梵天與星辰！祈請地母與山神！特別祈請護世怙主持國天王！祈請增長天王！祈請廣目天王！祈請多聞天王！複次祈請九位大威德等知曉誓言及保護善方的一切聖眾！我今獻供作供養，請護持密乘佛法！請作瑜伽師依怙！請增持教善士！教敵出現請掏心！魔障出現請斬首！毒害發生請放鷹！詛咒發生請倒轉！請消逆緣與障難！不管有何意願，皆請剎那予承辦！

祈請金剛持之大護法卓格善金剛！祈請一切瑜伽師之大保護神！祈請一切勇士大戰神！祈請一切商賈大商主！祈請所依能護持神！祈請行止巨力神！祈請催促快速神！祈請幻輪護法和歡喜食子一切神！我今獻供作供養，請護持密乘佛法！請作瑜伽師依怙！請增持教善士！教敵出現請

掏心！魔障出現請斬首！毒害發生請放鷹！詛咒發生請倒轉！請消逆緣與障難！不管有何意願，皆請剎那予承辦！

　　如是於世間本母壇城，親見汝等由智慧與業力所成之具誓保護神，淨居天之七十五位依怙尊者，恭敬承事佛法、三昧耶。在此有寂界中，咒力與神通主，威嚴無比，無歸服於汝等屬下者，無有一人，請護持佛法，禮讚三寶！請將我等具有瞋心、害心，暴虐心，信解粗加行之大種人與非人等一切眾，皆用四業調伏！請用增業攝服，請用懷業轉變意相，請用伏業予以除滅！請成就我及一切世間善妙功德，增長事業！

　　接以獻新食子，奏樂、歌舞為供，使生歡喜，並作讚頌：

交　具德自生王母是，一切本母變化基，
　　上方天界光彩女，梅朵曼達拉讚禮！
　　飲血自在雙具德，閻羅地獄獨髻女，
　　食火穿岩龍為號，黑滴血母我讚禮！
　　從誅達拉若札中，現出菩提心依怙，
　　九乘圓滿黑絲綢，九褶披風女我讚！
　　二取若札用足踩，心鬘人頭作瓔珞，
　　琵琶抵腰戰三軍，伏魔羅剎我讚頌！
　　各種化身任示現，神通主人讚頌您！
　　時爾玄冶忿怒面，作諸凶兆疫耗主，
　　時爾顯示財神相，成就主宰讚頌您！
　　特別守寺管佛堂，勾召咒懾破戒命，
　　揮舞利刃大勇士，一審卓格讚頌您！

總之瑪貢師兄妹，聽命於前眾侍從，
分辨善惡於世間，一切主宰致聖贊！

## 四、托咐事業

交　三十三天神界裡，轉生之主父與母，
　　彼此不見意交合，鐵疣出現於眉間，
　　天母詛咒力大故，黑母怒母獨髻母，
　　十七續部護法神，皆對密主授灌頂，
　　無我普賢佛母界，達拉若札成佛因，
　　具德瑪貢師兄妹，誓願事業交託管，
　　請你保護佛教法，三寶地位請執掌！
　　請延持教善士壽，甚秘寧提請守護！
　　世間疾病與戰爭，災荒壞劫請中止！
　　屬鬼九兄弟屬部，毆鬥路徑請阻斷！
　　我等行者及隨從，病魔障礙請消除！
　　壽祥受用權勢等，願使興旺如滿月！
　　請常住此信財殿，佛像佛經與佛塔，
　　以及貨財受用等，靈石寶器請保護！
　　殊勝修法皆恭敬，善士法統於繼承，
　　精進利樂有情眾，弟子團體使衍增。
　　遍及三時殘暴行，具有瞋心敵與魔，
　　任遣作你食物份，誅天事業請承辦！
　　世欲佛法兩事業，以四福德使增升，
　　突然事亂請用食，使我心願任運成！

誦畢，將供新食子送至乾淨處所。

此乃內護法，從前已有之，只是祕未發現。

要害一字《護法續》：

原本分本相和合，攪亂三界蓮師知，

因此鐵部各自封，修持不同寧提時，

與自度化金剛杵，得遇佛法願護持！

善哉！

具德依怙祈供略要

吽　大拙火如劫火燃，大光明如十萬日，

阿啦啦啦高聲呼，具德依怙請降臨！

瓦索　血海波濤洶湧間，狂飆黑風惡浪中，

佛母雅恰拜達黎，身色青藍貌威嚴，

頭髮紅黃身左旋，張口吐舌露獠牙，

三目圓睜誅邪魔，手持鉞刀血顱缽，

頭頂初三月一彎，臍間一輪太陽現。

身作空行母裝束，坐騎白鼻黑鐵𩦠，

十萬本母作隨侍，迎請速來到此地，

口唱悲歌請降臨！

唉哈雅嘿雜，吽榜號。

吽　二資糧圓明王身，具德依怙不能勝，

尊中尊即大自在，熾燃座壇請入坐！

唵　室利麻哈，拉薩瑪雅，地叉……

吽　過去未過先前始，十地究竟圓覺佛，

清淨法身我頂禮！

阿地布號，札地雜號。

吽　潔淨甘露貝雜威猛藥，消滅五毒貝雜阿米達，

　　以舌甘露五肉以供養，潔淨食物加行解脫等，

　　供養戰神措達及眷屬，所獻供品敬請喜受用！

　　唵，室麻哈，迦拉貝雜，雅恰拜達黎，那麻，薩巴達塔
嘎達，交畢肖母凱巴，薩巴檔喀，薩瓦達康，烏嘎德，薩帕
惹納嘿芒，嘎嘎納，康娑哈。惹納曼札拉，麻賴阿貢巴帝，
布恰杜拜，阿洛蓋，幹德，尼畏達雅，夏達阿吽。若瓦夏
達，嘎帝惹薩，布恰札帝叉阿吽，麻哈薩瓦巴雜，阿磨達喀
嘿，麻哈惹達喀嘿，麻哈瓦朗喀嘿，對兇暴邪邪魔，應念如
下咒語：麻哈芒薩喀嘿，麻哈惹達喀嘿，麻哈乍達喀嘿，麻
哈瓦蘇達喀嘿，麻哈皋惹札那喀嘿，麻哈崗尼讓底喀喀喀嘿，
喀嘿！對逾盟怨敵之骨肉血三者，念誦喀嘿，喀嘿喀嘿。

　　吽如火熾燃劫之中，大寒屍林聖地間，

　　大岩蓮花日輪上，安坐具德黑依怙，

　　為退妖魔怨敵故，對依怙及眾眷屬，

　　以大悲心獻供贊！

　　吽具德依怙父母身語意，十方八部世間依怙主，

　　固壽生威戰神天兵等，祈請供養願能滿心願！

　　（以具德依怙祈供略要，是彌旁仁波且所說）

　　善哉，善哉！吉祥，願一切吉祥！

# 護法瑪貢兄妹品

本母空行解怨滿願品

頂禮三界具德母！

五濁惡世出現時，惡念盛故惡業漫；

表病災劫復興起，本母實行亦作亂，

彼時需極珍視下述還願經。

　先於交叉法基上，陳設空行蓮花瓣食子，並以血肉、心臟、靈器為莊嚴。動物精氣、形象，內供顱器、彩箭具足，用右手擺設酥油燈和白麵團，並以本尊等持、六密手印作加持。

交　一切情器大福運，虛空自在吉祥母，

　　堅硬界與柔軟界，暖熱搖動之大界，

　　一切諸佛大佛母，即是本母空行體，

　　從彼自性不動中，降臨入坐雖無緣，

　　為利教化有情眾，顯示種種密法故，

　　今致頂禮並獻供，誓方有違作懺悔！

　　五大所聚情器間，觀已本性失羞澀，

　　三界原本住等覺，未得證悟作懺悔！

交　金剛亥母法界母，黑忿怒母獅面母，

　　性寂勝樂木喀賴，格惹格哩具光者，

種種佛母大佛母，飲血十處八寒林，
二十四處當方神，密咒明咒具足者，
皆頂禮獻內外供！佛法大海之戒律，
菩提勇識之學處，密乘難違之誓言，
以共殊勝與增上，悉皆無別而收聚，
因受煩惱五毒牽，過分放逸違淨戒，
不通經文諸過錯，髮露懺悔皆淨除！

交　雖出世作輪回相，雖修止以悲觀顧，
　　唉迦雜祇具六目，十四女僕十萬奴，
　　欲界主母熱瑪蒂，具百名母千名母，
　　具神通顯種種色，化身雖遍大千界，
　　大種不定雜而亂，持攝四時暖熱氣，
　　是為疾病瘟疫神，察寂靜處是佛堂，
　　對瑜伽師賜悉地，懲罰違越誓言者，
　　分辨善惡護人世，今致頂禮作供養！
　　會供衰減髮露懺！靈器光澤以滿願！
　　異常畜病請中斷！　莊田霜雹旱銹病！
　　災荒戰亂請消除！

交　對顯本母作亂因，殊勝金剛阿闍黎，
　　持邪見不信仰懺，殊妙灌頂已獲得，
　　念修手印散亂懺，對同誓言師兄弟，
　　呵責發怒怨恨懺，待如父母諸有情，
　　惡意傷害髮露懺，宣示密法見密行，
　　取捨法器髮露懺，對具智慧自性女，

180

邪見欺侮髮露懺，對萬有神與神女，
分別敵友髮露懺，正見觀修是妙道，
墮落惡趣髮露懺，對諸正行皆善者，
能犯罪過今作懺！

交　尤從本母作亂中，生起世間不安因，
擾亂蘭若作惡業，侮辱俗人設屠場，
咒師無德放惡咒，遠離生圓經商業，
善男背誓境投毒，僧人破戒騙父母，
搶劫狩獵為生計，相互鬥毆行賤事，
兄妹結合殺私子，如是惡業發生時，
空行本母意煩亂，請莫意亂垂慈悲！
今供食自滿心願！垂念眾生煩惱性，
梵淨成就請賜徒！消人畜病疫耗亡，
世間願使諸平安！

交　再者本母作亂故，希那天女殊勝子，
忿怒施食作懺悔！驢騾天女之坐騎，
拴打穢汙作懺悔！夏薑天女意中食，
叫囂射獵作懺悔！即使烏鴉天女寶，
驅趕使用作懺悔！牧豬天女之摯友，
惡語傷害作懺悔！雖是孔雀天女飾，
棄舍分離夫妻懺！雖是寡婦天女影，
接近依止作懺諱！雖是臭灶天女毒，
無意遺失作懺悔！總之法界大主母，
內心雖不存忿怒，身邊本母空行眾，

護法瑪貢兄妹品

181

見過亦即會懲罰。因此逆亂眾過犯，
務不隱瞞不諱懺。殊勝酬禮供食子，
頭份酒肉以滿願。殊妙氣色與微妙，
血肉暖氣處獻供。神鬼心意之有色，
氣力所依血肉熱，不以自性存有故，
無肉以肉滿心願。無血以血滿心願，
無熱以熱滿心願。性命自性乃是氣，
無氣氣與無命命，以彼所生之光澤，
本母空行使滿願，誓言對治還願已，
破戒怨恨從此淨。本母空行所擾亂，
因緣結果還原後，平息人畜傳染病，
災荒戰亂不復存。戰勝霜雹旱銹病，
請成世間平安事！
逐將供食送淨所，利樂功德難言表，
親實修必長信心。
薩瑪雅，吉祥！

# 隆欽心髓具誓護法海
# 眾武器海旗授權品

瑪貢授權品

無生金剛界之大佛母，無滅吉祥天成大王母，
華貢五位兄妹護法等，地位升至智慧界讚頌！
一切種相淨妙空寂色，周遍大樂境界雖一味，
執著無明業風所變化，嚴屬誓言融合於法界。
過去虛妄分別任所有，前托善妙酬謝使雙增，
未來虛妄分別轉依後，現托善妙請求一同賣，
經典缺損我定彌補全，有懲罰事勿怠請承擔，
所托事業你定要成辦！為成事業意想立色身，
威嚴聲望我今定讚頌！為取全勝守持禁行故，
即使須彌山定日月光，亦集成高功德閃華光。
墮落五濁世邊有情眾，疾病戰爭災荒逼迫時，
呼喚堪依佛法僧三寶，具誓護法現起成海眾！
寂滅不於一方般涅槃，為達學道諾言究意故，
空性界中慈悲變幻舞，四種事業如樂授予您！
馬面火焰熾燃周邊內，命運福德運氣大興盛，
輪王四支兵種以輻壓，奪取外道教法權授您！
變生輪回因果妄分別，流於依他無力挽回時，
對誰祈請皆同如意寶，自成摩尼寶珠授予您！

亦如守護本部極精明，率統彼方技能嫻熟故，
以是善巧方便廣慧目，統治三界王母授您做！
喧雜世間及諸實有物，與四梵住之義相融合，
圓滿富饒庶民善維護，尊上家長地位授予您！
向往常斷義理之外道，損害稱其為法野蠻軍，
將其摧毀大乘大威力，鼻似利刀大象授您做！
須臾抵達目標快速蹄，無礙直趨終點追風力，
彼岸雖是須彌以神通，亦可直達駿馬授您做！
分辨善惡主人汝等眾，於此神通四足最殊勝。
不畏十力四相才能全，摧破敵部將軍授您做！
特別本部財源不充足，靠食他部非天流轉首，
所作等流武器利刃尖，性命自己了斷權授您！
任皆救護本尊保護神，和睦誓言如畫塗抹者，
謀劃毀林教政利樂故，請用挑撥離間法征服！
事部三怙祖孫三代王，佛教延至雪域眾皆聞。
毀滅十善大法之外敵，心臟掏出喉管權授您！
世間業力所變依他者，若謂自由自在有運氣，
真俗二諦與彼護法神，習慣依託結果豈能違？
法身一時不生亦不滅，受用圓滿變現護法眾，
因具誓故所許盟誓言，守護五濁眾生已利時。
變化快如幻化人世間，種種衰退護法請承護！
特別我等施主與福田，如影隨身不離請相伴！
住於本地圓滿增喜宴，出行險道匪盜請防範！
跟敵交手兵刃高舉時，戰勝敵方請把吉祥賜！

# 隆欽心髓‧護法長壽
# 五仙女事業如意樹

頂禮智慧空行身！

外表曼增五姊妹，內是五部空行母，

密為法界大佛母，如同護法女所為，

顯示事業如意樹。

薩瑪雅！

極可心意幽靜處，森林鮮花開放地，

放置妙好青銅鏡，上塗天然黃丹汁，

書寫榜哈惹尼薩，從中至前向右方，

上置天然水晶石，孔雀翎與豁唇螺，

純金琥珀與玉佩，寶器裝滿搭飛帳，

所需藥物食子血，各種飲食擺四周。

以持明師三摩地念修：

籲嗟！主觀光明幻化土，四周雪山連環繞，

極為悅意喜樂園，鮮花盛開草地上，

松石珍寶無量宮，透明臺階水晶築。

珊瑚埠垸莊嚴中，種種珍寶法座上，

所有勇識獨一妹，所有持明修部母，

曼增吉祥長壽母，金剛普賢大佛母，

青春麗顏膚紅潤，右手執持如意寶，

185

左持彩箭豁口螺，並持明察三界鏡。
白綢新衣身上穿，孔雀羽衫為吉服。
珍寶天冠纏頭巾，姿態美麗作舞立。
翠顏仙女前面坐，手持光明圓光鏡。
冠詠仙女前面坐，手持珍寶伏藏瓶。
後坐不動貞慧女，手捧孔雀運寶盤，
施仁仙女左首坐，手持盛奶白銀勺。
眾皆左手顯本相，右作揮舞彩箭狀。
身穿白綢衣吉服，各種珍寶項鍊飾，
左足提屈舞姿傲，周圍化身再化身，
複化身僕無窮盡，主母心間放光芒。
從西部金空行土，聖地寒林神聚地，
雪山水晶分嶺等，不定蓮師修行處，
自性變化之聖地，迎請即降臨是地！
貝雜札摩哈孜達，舍舍雜雜吽！
請從法身界升起，報身圓滿母請行！
誓言嚴屬請垂顧，化身聖土請降臨！
請坐臨終金剛座，扶正墮落與破廢。
性命誓言歸於一，請穩入坐賜悉地！
薩瑪雅，底恰蘭，吽！
大樂法身境界中，無貪自解供如雲，
急所必須諸妙欲，各種飲料如海聚，
藥物食子與鮮血，麵粉酥油香料精，
樂園衣服財寶物，純肉如意寶水牛。

具幻變力小黑騾，具追風力好駿馬，
具香象王兒犛牛，各樣彩旗迎風飄，
尾巴飛幕虹紋繞，唱歌作舞花孔雀，
黑鴉黃嘴寒鴉等，皆是本母歡喜物，
無一不缺供如雲。猶如幻化三摩地，
獻作虛空大供輪！還滿吉祥天女願，
還滿金剛魔女願，還滿長壽五女願！
化身再化身滿願，滿心願請除頹敗！
我等師徒施主僧，正見顛倒法爾糾！
正修渙散明智育，正行謬誤資糧補！
祈願魔不害性命，祈願邪氣不擾心！
願法界母勿意散，願徒尋思勿錯亂！
您是生死普遍主，喜時顯現最初佛，
怒時星辰能降地，產生情器能作母，
主宰四時總暖熱，甚秘佛經作護衛，
具大威力我讚頌！

佛王蓮花頂首鬘，持明傳承上尊前，
如何盟誓寧護法，殊勝密乘大圓滿。
特別光明寧提法，如是弦月請增傳！
持法大士之年壽，及其功業滿天際，
如子請育傳承徒！施主權勢請拓展！
雪域藏地國度中，斷滅疾病消災異。
退敵並削兵銳氣，主使降雨旱災等，
不順時因請解除！總之心中有何求，

願皆任遠如意成！

如是祈請後，觀想曼增籠罩光明，自己所求現前成就。

接誦：榜，哈日尼薩，貝雜札摩哈，孜達舍舍雜雜。

守住禪定要領，以終譯密文而修，諸事成

功無疑。此法極為寶貴，不宜向眾人傳授。

薩瑪雅，嘉嘉嘉！

證悟空性無生善巧具法者，祝願信佛有情眾生，所求
如意，能達究竟！吉祥如意！

長壽五女授權樂使者品
迦摩羅地降生蓮花王，雪域地神之主今讚頌！
依止雪山皚皚之山神！長壽五位仙女我召請！
非是空口喧嘩真心請。裝束如同仙女幻化舞，
茶調金銀受用寶藏主，日月身澤主母四徒圍，
佛祖如來不動金剛尊，化作平庸世間人之主，
現授權作殊勝保護神！唯依那瑪長壽五仙女，
猶如巴那河流常祈禱。對方有形無形邪行眾，
猶如大象遇虎即征服，無餘摧毀威力請授賜！
猶如兕牛獨具傲慢心，以冷熱力使人受痛苦，
魯莽行持招致滅佛者，如獅摧狐猴力請授賜！
顛倒鞋帽倒置師與徒，口說向內心意卻外示，
輕率狡詐宣耀幻術者，兵甲摧伏威力請授賜！
以銅假冒黃金詭詐者，惡運遊歷荒野作惡者！
恩將仇報負心無情人，地母摧伏威力請授賜！

隆欽大圓滿心髓集要

廣造不善罪孽不懺悔，尋風挑撥離間毒蛇心，
嘴甜心黑作惡朋友眾，阿吉天女授權願降伏！
外扮地祇五位食肉鬼，內為遷徙五位空行母！
密為大種轉依五佛母，為利五趣眾生請授權！
本性永時殊勝離戲論，空性非為單一四嚕迦！
雙運現為功用幻化主，世間為化樂土請授權！
如來藏雖具有平等性，心識造出生死涅槃故，
生滅住三如空與雲霞，為離常斷來去請授權！
不持勝義善惡之持疑，世俗因緣表相超想故，
三規無犯圓合之主宰，殊勝佛母天女請授權！
憐憫如妹廣生慈悲心，如若摯友授權利樂增，
入修生圓恰似上弦月，漸增猶如地道正果熟。
願從利他事業寶石中，賜我一切所求利有情！
總之善心及諸白善業，不落拖延遲誤障礙中，
六度事業終能達究竟，利樂眾生事業請成辦！
以上為瑜伽行者香曲多吉為事業而作。善哉！

色雅　　五部大空行佛母，是從五智界化現，
　　　　遍及全部大種間。大種所現虛空界，
　　　　是五大種之主宰，從中變化一切物，
　　　　堅實牢固大地基，是諸寶物生起處，
　　　　變化動靜一切物。珍寶五穀牛羊畜，
　　　　種種財運請召來！潮濕浸潤之水界，
　　　　大海洋與七香海，是諸龍王寶庫故，
　　　　各種財寶好運氣，不勞現請召此地！

熾熱燃燒火之界，　大海馬口火中間，
成熟生成之因緣，　從中化熟之精氣，
悉地德運請召至！　輕浮飄搖風之界，
是生聚合之主宰，　能持生命不流失，
從中所生之福運，　一切悉地請召至！
總之天龍人財寶，　四洲須彌海靈氣，
土石山岩器精華，　天王龍王佛寶藏，
日月星辰與地球，　天神仙人先知者，
恒住於劫之福運，　無遺無漏盡所有，
由因緣物力召至！　再者今天這施主，
願其福德享用物，　猶如日月恒旋轉。
猶如受用極滿盈，　猶如大海浪翻滾，
穩定福運請召至！
此為召福所誦部分。加入「有功力者我讚頌」之後。
善哉！願一切吉祥！


金剛玉鐘母滿願攝略
明觀自己成為蓮花生。

喂　面前雪山喜樂園，　中間珍寶無量宮，
其內珍寶坐壇上，　白明金剛玉鐘母，
白綢衣裝金玉飾，　右手執持寶如意，
白銀寶鏡左手執，　綢巾纏頭珠鬘飾，
雙足以半跌跏坐，　面帶微笑放光彩。
四方四妹似主母，　皆是十六妙華齡，

俏玉歡喜狀態修，心間放射強光明。
那曼雪山神住地，潔白雲朵宮殿中，
迎智菩薩同融入。

次作迎請

吽　持明蓮花頭鬘師，住於護法缺位上，
藥聖金剛玉鐘母，迎請即降臨此地！
貝雜薩瑪雅雜。

次作獻供

吽　以三摩地真言印，萬有情器之世間，
所需財富盡所有，化智慧露以滿願。
我等師徒與施主，違誓罪過法界還，
師緣壽德功力生，自然樂空請現賜！
唵貝雜札摩哈瓦達，喀喀喀嘿喀嘿。
念誦五至七次，迴向食子。

次讚頌並託付事業。

吽　金剛玉鐘無上美妙身，明亮如日光輝照雪山，
賜予行者殊勝大成就，長壽五仙女眾我禮讚！
昔於大阿闍黎蓮師前，如何發誓承許今如是，
向我瑜伽行者示笑顏，所托事業疾速請成辦！
（以上為欽則拉所說）。

善哉！善哉！

隆欽心髓‧護法長壽
五仙女事業如意樹

# 護土寒林天女祈供次第

頂禮薄伽梵金剛亥母！

在後五百年末期，寺院與修寂處之佛像、經典、佛塔、財產等，將自由擁有，而兵、強盜威脅也會發生。於彼之時，依止厄迦祇行業女，即此護土寒林天女，乃是靈驗之護法神。

對所喜樂，供物為重，對不願離，靈石為重；對於獻供，聖物為重；對於災厄性命，顱缽為重。於經典中，弄懂此等道理後，在顱缽或漆碗之中，裝入三角形紅色小團食子，或十個糌粑，分別將其圍繞，以羊馬驢血肉，予以裝飾，擺供飲料，奶乳等所需品，自身以金剛亥母、或黑忿怒母之禪定念誦：

交　方位是在彼一方，日出東北那一方，

大廣寒林密穀中，沸騰毒海之中間，

羌札隱密宮殿裡，本母藥叉麗顏母，

密乘教法護法您，是賢聖財一主母。

對您之父取名號，稱作奧得大光明。

給您之母取名號，她叫拉桑阿茂薑。

二人雪山上交合，繁衍世間八姐妹，

長姐天女名安乃，寒林裝束體色紅，

右手鐵鉤左寶鏡，黑綢高領結髮髻。
其下龍女諾拉安，鐵鉤捉拿鐵概誅，
其下夜叉則拉安，鐵鉤鉤引寶瓶儲。
其下鬼女色拉安，身穿人皮騎人屍，
手持聖概與鐵概，兄長他是不急生。
其下賽冬身色紅，其下辛巴黑羊頭，
小妹蘇羅羅吉她，黑人黑馬持短矛。
八大姐妹及隨從，為護甚秘佛法故，
由修持明瑜伽者，朗聲呼請速降臨！
吽惹黎札麻雅，雜雜，斯黎機尼雜。
如是念誦故，諸天女疾速而降。

交　世間靈變天女您，作食財物之主母，
是真寶藏主管母。財寶主母具神勇，
財情熱裂喜財物。護財主母灌頂尊，
庫藏天女具威風，供施食子請受用！
您承辦事已到時，呼時護財耳要靈，
召時護財眼要明，今夜前更獻酬謝，
今夜後更供神飲，呼作女伴請即來，
召作女友請會聚！殺敵肉獻作食子，
佳釀供獻作神飲，誅敵鮮血以滿願！
以逾盟者奪聖地，偷寺財產者心臟，
寒林天女使滿願！求財龍女使滿願！
護財夜叉使滿願！呼鬼黑女使滿願！
護法天母使滿願！四位親兄使滿願！

193

八姐妹請用食子，血肉暈供請受用！

手捧鮮奶請受用！神飲酒供請受用！

　　將乳品及三白三甜食物滲混一起，用鴿子翅骨灑灑，同時念誦：吽，羅黎札麻，雅，布札婆郎達，喀嘿喀嘿七遍，以作迴向。

　　次作熱麻帝四兄弟化身，即給八大寒林安乃母而作供養。

交　　從大暴虐寒林中，金剛使者取食子，

　　　　從彼密叢寒林中，金剛起屍取食子，

　　　　從彼烈焰寒林中，金剛勇識取食子，

　　　　從大怖畏寒林中，鄔摩黑母取食子，

　　　　從怖畏叢寒林中，長臂黑母取食子，

　　　　從暗無盡寒林中，食肉黑母取食子，

　　　　從彼啾啾寒林中，希島達麻取食子，

　　　　從彼狂笑寒林中，黑羯磨母取食子！

　　　　從彼僧伽寒林中，極為恐怖黑母等，

　　　　眾悉是為您化身。隨其任何財路上，

　　　　以其掃帚截財母，為你經管此寺院。

　　　　持咒大師我敷具，資產財物受用等，

　　　　託付於你請接管！（此三句為南喀嘉措新作）

　　　　無有心識四大種，種種傷害若能防，

　　　　有形人與無形鬼，不為邪引何須說。

　　　　為護聖地作擅越，弘揚佛法使興旺，

　　　　請作佛法永住業！貶低金剛乘教理，

　　　　詆毀三寶地位敵，悉皆是你份肉食。

所發盟誓勿遺忘，不誤時辰速誅之！

你乃先知神通主，以你遍知洞察力，

不違金剛亥母誓，不背蓮師聖教誨，

我等瑜伽及眷屬，莫讓經受染病苦！

怨仇損耗轉敵人，消滅障難增福壽！

莫斷天人相聚緣，請使萬事吉祥圓！

如是念誦畢，將獻新食子送至乾淨處所。

此《護土寒林天女祈供次第》，乃是大圓滿師饒迴多吉從蓮花生大師教授中摘錄而來。

薩瑪雅，善哉！

## 摧破閻羅傲慢品 伏藏主祈請頌

頂禮大威德金剛！

掘出殊妙此伏藏，宣示弘傳實修時，
若不善供護藏主，瑜伽性命有危害，
故對此事需殷勤，食子血肉新為供，
以三字咒化甘露。

吽　蓮花頭鬘阿闍黎，聽命至尊伏藏主，
　　具大神通戰神王，具誓善士提黎雜，
　　護法神及眾眷屬，護佛法故降此地！
　　舍，貝雜薩杜，薩瑪雅雜，吽榜號。

吽　充滿三千虛空界，內外秘密唯此藥，
　　山羊黃牛食子等，所需受用物無盡，
　　敬獻護法與眷屬，請喜享用利眾生！
　　麻哈瓦雜，瓦朗達喀嘿。

吽　無生界中護法故，大悲所立觀想尊，
　　世間大王金剛善，一頭二臂紫紅色，
　　紅綢披風忿怒相，右手執杵摧敵軍，
　　左握破戒徒心臟，巨力猛獅坐下騎。
　　同胞眷屬三百六，隨侍圍繞於身旁。
　　大力佛教護法神，及諸眷屬我頂禮！

受用聖物此食子，三寶教法請保護！

兇暴怨敵誅法界，三寶教法請保護！

薩瑪雅，嘉嘉嘉，保密吧！

以上頌文，乃是貝瑪嘎旺久美，多吉雜取自於雅隆的山洞之中。

猛贊化身七俗人祈請略要

籲嗟　方位是在彼一方，亦即日落那方向，

贊土紅色銅原上，蓮花自在聽命使，

猛贊化身七俗人，多半體膚是紅色，

手執飛幡與套索，請同八部傲慢眾，

火速光臨降此地！

秀拉遮，貝雜薩瑪雅雜。

交　紅色贊城內裡邊，血肉受用不思議，

可心供品皆美觀，請住淨誓坐壇上！

薩瑪雅，底恰……

籲嗟　善士化身七兄弟，承辦事業不思議，

蓮花自在聽命使，遵誓辦事讚頌您！

獻此聖淨之沐浴，請作我與施主您！

請發慈悲臨近外！阿港毗秀岱娑哈。

聖潔薰香如雲遮，供燈香水食物花，

獻作悅耳妙音樂，請發慈悲臨近處！

杜拜布恰阿洛蓋，格哩格哩，吾雅夏達布雜號。

籲嗟　善士性命之主宰，大威德化七俗人，

心所歡喜受用物，血肉紅食堆如山，
無漏甘露似海聚，鮮血淨水匯成池，
觀賞供品如星布，鼓笛器樂似雷鳴，
各種妙音歌曲等，具誓七兄弟滿願！
贊眷屬眾使滿願！　八部兄弟使滿願！
護法具誓使滿願！　作業兄弟使滿願！
吽　紅色神壇顛巍巍，紅綢軍旗嘩嘩飄，
紅色飛幡蕩悠悠，勇士射箭氣昂昂，
作業屠夫蔟簇擁，猛力呼叫聲隆隆，
猛贊大王使滿願！上師蓮花生面前，
所許誓願請莫忘！赤松德贊貴族種，
有誓瑜伽師後裔，一同守護三昧耶，
無有他人能倫比，邪見外道請調伏！
勿離持咒金剛誓，托咐經管增威力，
莫要妄自使減損，莫要偏悖逐美食，
違心諸事還願後，請如子侄般佑護！
誦畢，將所獻食子拋向十方而禱告之。
善哉，吉祥！


極略祈供品
讓央康，唵阿吽
剎那念盡面前顧灶上，所置單面顧骨器皿中，
五肉五甘露等雙修物，聚喜神變諸佛密精華，
迎至與食子物化一體，實執污垢未染食供品，

隆欽大圓滿心髓集要

內外秘密極盛此瑞祥，今對三寶三根本護法，
特別護咒唉迦雜帝神，華貢瑪囊怙主父續眾，
卓格金剛善及兄弟眾，煞杜欽波冬茂八部眾，
寒林天女同胞八兄妹，長壽五女玉鐘丹瑪等。
猛贊夜叉化身七俗人，內外秘密神鬼八部眾，
化身再化身及眷屬眾，獻供讚頌滿願祈授權！
歡喜享用滿足悔過犯，無量事業有托請承辦！
暫時永久遍善願成佛！

（以上為根桑延帕受貝瑪群培之請而寫）。

唵阿吽！

內外秘密精華諸供品，實物意化無量供養雲，
肖那地祇四位自性母，三兄長與二十八自在，
麻杜四妹猛厲六部等，金剛橛之經藏保護神，
祈請獻供請辦所托事！

善哉！

籲嗟！

遍成事業具大力戰神，三怙蓮花變化雄獅王，
寶珠制敵護法使者等，祈請獻供心願使自成！

（以上為彌帕波所寫）。

火　保護佛教佛法大戰神，具力念青母子臣屬眾，
　　及其所有親眷盡無餘，祈請獻供請辦所托事！
　　（以上為旺札多吉所寫）。

　　籲嗟！
　　宗喀吉山之附近，依怙札囊凶曜地，

住於彼處大護法，　猛厲祈願曜魔類，
格寧金剛猛霹靂，　及眷屬眾請降臨！
面前法源血海中，　誅滅破戒坐壇上，
紫黑明王羅剎面，　怖畏九目火焰燃，
張口急吹疾病風，　右邊三臂前手中，
持天鐵輪斷敵命，　中間手執利屠刀，
後手兵器投厲鬼，　左邊前手病袋中，
九種瘟病如雨降。　中手蛇索套教敵，
後手絆索縛罪人，　意欲邁步兩足張，
人皮頭鬘骨飾嚴，　火風彌漫界中位，
實設以意所變化，　急需妙欲藥食子，
香紫糌粑與神飲，　頭份茶水頭份酒，
誅滅仇敵血肉骨，　五臟六腑下水等。
滿足意願順緣物，　九欲受用供養群，
獻大格寧使歡心！　祈願猛咒大護法，
心中所想能如願，　迷戒過犯無餘懺！
我今對你有所托，　前弘伏藏舊法教，
尤其光明大圓滿，　請保護並廣弘傳！
持法信徒使增壽，　衣食財業使旺盛！
我等師徒與施主，　法俗財富與權勢，
日益向上使增長！　病魔障難息滅盡，
威智財運請攝聚！　以敵難忍諸神通，
滅眾仇敵碎屍體，　使其名亦不存世！
總之對諸利生事，　請皆應許承擔起，

依所盟誓於成辦！

對此末劫靈驗護法簡要祈供，若能精進行持，無論有何寄託，悉可順利而成。

此頌偈，乃典央道丹多吉受瑜伽行者措珠讓卓之請而寫。善哉！

三寶體性華貢與上師，續部大海三處空行眾，
瑪貢曜多長壽五仙女，供養禮贊請成我心願！

吽　護法神威護持力，依三昧耶請穩住，
　　誅滅逾盟邪引魔，遞戒過犯請寬恕！
　　內外與密諸供品，神煙祭品請受用！
　　回遮瘟病咒鬼害，抵防匪盜誹謗傷！
　　增長福壽成順緣，成就所願請作伴！
　　善哉！

唵　世間行持現見事業者，漢地名喚香瑪騰孜者，
　　常作供贊今授權與您，請顯圓滿尊容利眾生！
　　怖畏奪壽屠夫山神等，世間憍慢八部隨從眾，
　　請受煙祭飲料供食子，毀滅敵部事業請承辦！
　　（以上為旺札多吉所寫）。

籲嗟　國王大臣與王妃，王儲臣民與奴僕，
　　　眾皆無餘作供養，所托事業請承辦！

喂　佛王蓮花居士札雜金，伏敵力士眷屬請降臨，
　　順緣供品雲海請受用，資財福德權勢與聲望，
　　如雨降至息滅人畜病，圓劫福樂吉祥願受用！

火　保護佛法雜幹札度乍，母子大臣差役奴僕等，

祈請供贊事業請承辦，誅滅佛教前弘期敵人！吽
外部內部與秘密，殊勝及所化八部，

世間八部眷屬等，呈獻善妙此供養，
飲料聖潔請受用！祈請成就我心願！

喂　此方地祇及眷屬，潔淨新供請受用！
實現瑜伽師徒願，弘法事業請承辦！

吽　雜，南無！

三身三寶尊及三根本，三處空行三續傲慢軍，
特別瑪貢猛曜金剛善，賴辛格崗紅黑底巴雜，
傲慢八部天龍地祇等，煙祭飲料供養請受用！
從此邊日四面與八方，以作忿怒敵賊匪三者，
束縛敵手反綁賊手足，欺騙敵人擊破敵部眾，
斬斷敵命切碎敵心臟，痛飲敵血吞食敵人肉，
咀嚼敵骨敵皮做衣穿，跑馬賽藝折斷敵弓弦，
用箭缺日斷敵矛把柄，裂碎火炬大刀連鞘毀，
敵匪強盜徹底請摧滅，瑜伽所托事業請承辦！
（以上為吽那梅巴所寫），善哉！

華智仁波且所作簡要品
具菩提心信士善男子，不逾發心誓言行佛事，
無緣解脫種子撒播下，具誓大眾嫉妒請拋棄！
極為難調不信業果種，傲慢護法之氣染身者，
雖以溫和外表相牽連，護法使者眾請予消滅！
持教善男壽命使永固，佛法弘傳眾生使增福，

斷除兵匪盜賊惡業根，心願任運事業請辦成！
善哉！

吽　交

我是無上能遮四嚕迦，離詮無為法之本色界，
遍照慈悲力中忿怒尊，請宣真言金剛令諾言！
掌管世出世間護法神，天龍八部召作傲慢軍！
我本無罪無過護法知，恭請護法大眾來作證。
無逸無過上師蓮花生，授命託付保護佛教法，
承許保護法藏具誓眾，請受用此血肉紅食子！
勿怠勿縱請聽真諦言，無畏第二佛陀聖教理，
正法圓滿大寶障請除！具德上師壽德與事業，
教政權勢圓滿障請除！具三學處僧伽聚會眾，
講修佛法圓滿障請除！求法瑜伽修持悉地時，
亂心邪願怨鬼障請除！信受弟子以求解脫心，
如理修習正法障請除！作為三寶上師之施主，
財富圓滿魔鬼障請除！逾越誓言鬥毆部多鬼，
亂續曰之為法障請除！實承真實密乘之教法，
初行違法惡誓障請除！有形人之邪引與作害，
咒概放咒惡詈障請除！無形神鬼顯示食人口，
偷壽奪色害命障請除！下界地祇龍年海請除！
中界八部部多障請除！上界虛空天譴障請除！
病魔屬鬼障難諸惡緣，總之可惡損害諸惡緣，
請以護法大眾力回遮！請轉邪願獷戾者身上，
請轉所托事業請承辦！
善哉！

# 大士具誓護法羯磨儀軌

　　以密主金剛大持等我入前行，加持供品食子、淨治面前佛像。

　　於空性中觀想面前波濤翻滾血海中央，有帕旺隆布宮，放射五彩虹光，宮殿上方毒雲彌漫，猛雷轟鳴，風雪交加，外部黑風旋卷，四周黑色城牆環繞。中間蓮花月輪和褐色山羊，或者白獅莊嚴坐壇上，坐著智賴吉喬騎獅護法，體色黑紅，一頭二臂三目。張口呲牙，毒氣縈繞。頭髮、眉毛、鬍鬚如火燃燒。右手執金剛杵指向敵首，左手持人心臟，身穿紅綢披風，裝束威嚴，顯示忿怒相。頭頂鶥鷹飛翔，前方有豺狗奔跑，右邊有馬熊搖臂，左邊有黑熊發威，背後有鐵狼跟隨，還有利齒羅剎等傲慢部眾圍繞四周。頭頂念唵，喉際念阿，心間念吽，加持三處，吽字放射光明，從瑪拉雅山和西方帕旺隆布宮等處，迎來具誓護法及其眷屬眾。

　　接搖彩箭，以示召請，並用山羊脂與乳香焚煙念誦：

　　籟嗟！

　　對彼釋迦佛教法，遵循金剛持旨令，

　　保護佛法大力士，騎獅護法請降臨！

　　掌管太陽西方土，半邊天地之主宰，

南贍部洲一莊嚴，大戰神今請降臨！

住沃雨鄉聖地上，善士師徒眾眷屬，

漢藏多康區遍主，大猛贊今請降臨！

佛殿法輪寂靜處，無論何聖地駐錫，

以聖潔心作祈請，因誓言故請降臨！

貝雜薩杜，孜秀拉雜，吽榜號，薩瑪雅，雜雜，誦之而迎請。

吽　具誓護法與眷屬，今於殊妙此聖地，

請心歡喜而駐錫，頂禮供養諸供品！

聖物食子藥鮮血，內外秘密供養等，

敬獻具誓眷屬眾，善士隨從以滿願。

貝雜薩杜，薩瑪雅，孜秀拉，薩巴日瓦惹阿嘎……夏巴，麻哈巴雜，阿磨達，喀喀，喀嘿喀嘿，麻哈惹達，喀喀，喀嘿喀嘿。

接此根本咒後，再誦：麻哈瓦朗達，喀喀，喀嘿喀嘿。以內外諸供品作供養，並讚頌曰：

籲嗟　遙遙餘彼那一方，太陽降落那地方，

沃雨鄉之哲摩地，鐵堡直插九霄天，

在彼宮殿內裡邊，父親是魔母是鬼，

魔鬼合生大力士，長成騎獅護法神。

先知神通巨力主，胯下坐騎白獅子，

剎那走遍三千界，身穿紅綢大披風，

頭戴紫色狸皮帽，體色黑紅忿怒面，

鋒利獠牙露口邊，右手九股金剛杵，

205

左手口邊送敵心，虎皮箭囊右側掛，
豹皮弓袋掇左邊，紅色利矛夏啦啦。
右邊三百六衛士，騎士巨甲窸窣窣，
左邊居士二十一，天兵吼聲轟隆隆。
週邊丹瑪女部眾，歌聲如鶯嘹亮亮，
前方四十二曾崗，武器指敵簇簇擁，
外部千名猛贊繞，擁護如潮聲隆隆。
面前九隻鐵母狼，躍躍俗試吞敵命，
共外九隻銅豺狗，追逐召勾敵遊魂。
對聖哲及眾隨從，至深恭敬致贊禮！
世尊金剛手菩薩，及阿闍黎蓮花生，
已攝服其教令下，秘密灌頂名亦取，
委作密乘保護神，大伏藏主讚頌您！
前世所承許盟誓，供食神饈請受用！
為達瑜伽我願意，所托事業請承辦！

　　如中讚頌並託付事業，觀想自己心間光明，激勵具誓及眷屬心間日輪上咒文圍繞之性命字，所求一切事業無礙而成，

　　接誦：唵，貝雜薩杜薩瑪雅，達嘎章希，屁札瑪尼，薩瑪雅薩，杜孜雜，雜，吽榜號。

　　如是召請、差遣、誅殺之密咒，種類繁多，各有差別，但僅具此品即可。

　　誦畢，獻供托事。滿願懺悔，獻親還願等雖已很豐富。但仍需作順緣食子獻供。而酬神請求寬怒等儀理與總規相同。

　　願一切吉祥！

舍　具明點力具誓大聖哲，猛獅狐狸無定騎乘者，
　　三百六十化身無數眾，火速無礙現即請降臨！
　　誅滅渝盟邪魔怨敵生，骨肉妙食聖物為莊嚴。
　　藥酒鮮血供品獻供時，請喜受用承辦所托業！
　　（以上為薩霍爾僧人所作）。

吽　羅剎之王曜魔熱胡拉，八時妖中變現八化身，
　　四種冬茂八曜星宿等，如空紅電閃耀請降臨！
　　坐於青藍三角壇城中，蓮日魔鬼會聚坐壇上，
　　觀看紅圓千目怨仇敵，見者即用毒氣使滅亡！
　　誅敵活血芳香功德水，八根具千分支甘露酒，
　　血肉屍骨妙饍供於口，歡喜受用發猛彈齶聲！
　　蓮花頭鬘花生業緣力，古麻羅雜隆欽繞降等，
　　本師誓言所托掛心間，息增懷伏業請速承辦！
　　（以上為薩霍爾人俄寧所增補）


　　隆欽心髓・羅睺性命利刃頌

舍　極飾寒林兇暴因，血油波濤翻滾中，
　　護法曜魔熱胡拉，性命利刃請降臨！
　　體色煙灰搖蛇尾，身邊隨侍四冬茂，
　　八曜二十八星宿，蒼狼魔鳥黑毛狗，
　　傲慢八部兵眾圍，九頭烏鴉面目美，
　　四隻手執四兵器；弓箭索幢與鱷頭，
　　雙足提邁威嚴步，全部隨侍盡無餘，
　　請從虛空降此地，坐於火誓言坐壇！

207

大紅鮮血功德水，五灌頂花肉煙味，
溶液油燈肝膽汁，骨肉食物顱鼓聲，
脛鼓號樂如雷鳴。大紅食子如山堆，
藥水甘露似海聚，觀賞供物如星布。
九欲受用似雲集，以此種種順緣物，
使大曜魔滿心願。使熱胡拉滿心願，
八部軍首使滿願，四位冬茂使滿願，
八大仙人使滿願，四位冬茂使滿願，
勇士八部使滿願，事業作者使滿願，
請把還願障難除，違錯犯愧皆消散！
我等師徒施主等，邪引仇敵與怨鬼，
請用毒氣利劍殺！如子護佑傳承徒，
弘傳淨妙密乘法，所求如願請承辦！
如是念誦畢，將食子送至乾淨處所。
籲嗟！
佛王蓮花頭鬘力，金剛誓言此護法，
　威力銳敏如雷猛，教令嚴厲而兇暴，
因需愛護心中記。
薩瑪雅。

光明金剛密庫・曜魔相續事業品
格惹貝雜巴尼耶，乘之頂首今探察，
大護法神熱胡拉，相續事業之次第；
食子飲料香樂等，以原初神之我慢，

以悲且調如是說。薩瑪雅，吽，雜。

護法曜魔熱胡拉，九頭嘴臉四手臂，
千眼守望佛教法，巨力蒼龍坐下騎，
八部星曜四冬茂，七十五位華貢等，
為守護佛正法故，為成瑜伽事業故，
無礙火速請降臨！

熱胡拉，唉雅嘿雜，吽榜號，薩瑪雅，得
恰……！吽雜。

內外供品食子神聖物，供養護法海眾使歡喜！
以遍大地虛空供養雲，聖曜化再化身使滿願！
違戒不善諸業請寬恕！戰勝一切權力授予您，
內外怨敵無餘請調伏！血肉心臟盡皆作食物，
佛法佛徒無怠請庇護！請賜壽法食財之悉地！
事業速即成辦薩瑪雅！

如是經常精進而修，可息地道障礙，有何心願均
能任運而成。

非人傲慢所能比，外凶內柔守誓言，
光明金剛此密庫，守不共法唯此無。
薩瑪雅，嘉嘉嘉！

舍　仙人及大遍入熱胡拉，八種化身冬茂四姐妹，
羅睺星曜傲慢八部等，供養祈請請辦所托事！
（以上為彌榜巴所作）。

吽　毒劍黑曜及諸眷屬等，供養黑山羊血請受用！
黑心怨敵無論親或疏，請斬黑紅命根碎為塵！

（以上為吽那梅巴所說）。

你乃上師凶曜熱胡拉，今請加持我之身語意！
你乃本尊凶曜熱胡拉，今請賜我共不共悉地！
你乃空行咒曜熱胡拉，我之正道障礙請消除！
你乃護法凶曜熱胡拉，我之四業無礙請承辦！
你乃鬼卒凶曜熱胡拉，我所現見怨敵請摧滅！
你乃護教凶曜熱胡拉，大圓妙法取勝請保護！
以祈依怙總集體性力，不分時辰請將我庇護！
以上是在調伏教敵時，由曲央道丹多吉所作。
善哉，吉祥！


賜封熱胡拉金剛鬘品
本淨離戲法身雖難詮，身色無礙力顯有寂光，
如淨影投水晶球面上，現起離我二取神聖曜。
雖不可作喧嘩語呼喚，裝束猶如虛空現彩虹。
茶酒飲料妙欲甘露海，如日熱光燃燒請享用！
如來佛教護法主尊您，非是下劣部多是智尊，
現賜您作自慢勇猛主，收服那嘎等等八部眾！
巴瓦桑等八曜你眷屬，父是羅剎大王母龍女，
猶如白幡袋飾虛空界，無餘封作自慢一支柱，
若雜麻惹驕橫敵部眾，請熱胡拉以冷熱力摧！
雜之殊勝護法賜您作！如狐猴虎誅滅凶頑故！
如帽冠頂至高護法您，雄居傲慢羅剎眾頭頂，
非是馬虎誠心依止您，用民芸芸有情命息主，

依呼食肉蓮師之教令，封賜您做十地聖菩薩！

草烏自性敵部皆摧毀，阿底境界無返證菩提！

援權促成佛教眾生事，承事使證三身佛果位！

此封賜仙人熱胡拉金剛鬘，是應朵拉應魯秀諾布之請而說。

願皆為善，善哉，善哉！吉祥！


隆欽心髓•曜魔催促經毒氣縈繞品

頂禮具德金剛持！

仙人熱胡拉催促經如下：

以血肉嚴飾紅食子，猛厲召人。將所緣物觀想為血肉，以具本尊之我慢祈請作食物迴向。

雜　請從虛空界升起！請從血海界行持！

今日夜晚午座時，大仙人請去辦事！

跟我為仇此敵人，存心毀滅佛教法，

貶毀三寶美名聲，奪僧財物亂靜處，

輕慢您等保護神。阻斷修持菩提行，

障礙行持利他事。你若具有大咒力，

誅滅渝盟者到時。待等深更半夜時，

四大之水亦沉睡，彼時盜魂屠夫們，

如同岩雕去撲食，辦事出發入敵土！

對所授業勿挑剔，掐斷呼吸收壽命。

雷雹摧滅格岡瘟，半形弓箭射其心，

以恐懼臉直相逼，莫經年月把時誤！

211

若不於日頓飯間，誅滅背誓渝盟敵，
你有威力乃是假，違抗金剛持教令，
亦違持明傳承誓，瑜伽我等心灰冷。
靠你所辦事放棄，不如莫要渝盟誓，
鮮紅心血用手捧，扒出心肺作標徵！
如同鳥卵碰岩石，如同冰雹摧鮮花，
剎那之間碎為塵，從根消滅不留名，
所托事業請辦成！

舍，夏如惹讓，那嘎孜達，章麻麻瑜薩札哈，咳瑜蓋夏拉雜雜，哈哈，擦瓦擦瓦，聶聶雪雪，對某某性命：麻惹雅，巴巴索。

如是念誦而摧請。

薩瑪雅，善哉，善哉！吉祥！


南無！

以三寶根本上師持明聖眾真實教言，以無量靜猛本尊善誓八大修部真實教言，以三處勇士、空行、具力護法諸天真實教言，以具德密乘保護神等母續天女真實教言，以具德依怙黑瑪囊等父續依怙真實教言，以聖德具誓，騎獅護法，三百六十兄弟眷屬曜魔，遍入八曜及四冬茂、傲慢八部真實教言。以埋ゐ絕密（大圓滿）護法寒林主母八兄妹真實教言。總之以密乘佛教護法三種傳承傲慢軍眾眷屬等真實教言及大真諦力，無論兇狠十惡怨敵，無論佛之教敵，三寶共敵，具德上師身敵、譏毀密乘、暗損真傳瑜伽

私敵，具德上師之身敵、譏毀密乘、暗損真傳瑜伽私敵，或者無緣各別冒出之敵，或者聲稱無神論，謂神無能者，逐神如取債而對抗尋釁者等等之魂命靈識，高者於須彌山頂首，低者於大海深處，在其本法保護神護持之下，雖然隨處而有，隨處而居。汝等作業使者，或用鐵鉤鉤其心，或用套索縛其頸，或用鐵鍊捆手足。持鈴者以鈴使其心迷，持錘者以錘擊其頭；以業力暴風圍共邊，以怖畏黑暗截住頭。剎那之間，要如天空鵰逐小鳥，如水中獺追小魚，如地上罪人被投牢獄，將他們掛於虛空，投向中界，拋往大地，然後不由自主，引入這紅色食子中！

貝雜昂古夏雜，讓納瓦夏吽，貝瑪波札榜，噶磨敢遮號，阿拜夏雅，阿札拜，夏雅吥。

（以上為旺札多吉所說）。

雜　所緣渝者之魂命，與此食子無二別，

　　以三根本諦力勾。唉南孜胡，圖惹雅哇！

觀想誅滅怨敵所得血肉屍骨之軀，被具誓護法大眾嚶嚶吞食。

若有特殊事業，可作如是祈請：以心臟與誅殺之鮮血莊嚴紅食子！作猛烈召請而念誦：

麻麻札，惹恰厄嘎匝孜，厄丹婆朗達，補匝號，喀讓喀嘿，唵，麻哈嘎拉，夏薩納遮，郎岡嘎日，厄檔婆郎達，補匝號。喀讓喀嘿，遮，貝雜薩杜薩瑪雅，厄檔婆朗，補匝號。喀讓喀嘿。誦畢，將其眷屬攝入天龍八部。拉誦：阿雅瑪杜汝匝夏納岡嘎，若薩瑪雅婆朗，補匝號。誦畢迴

向食物。

交　格拉雅之獨母黑忿母，霰雷雹主騎羊護法神，
　　　格薩爾軍戰神黑命魔，為行忿怒事業請現起！
　　　務將誹謗三寶聲譽敵，如同冷霜冰雹摧禾苗，
　　　如同購食而吃無顧忌，剎那之間將其碎為塵！
　　　詈罵芝麻空行之寧提，以圖麻熱粗魯狂暴行，
　　　對彼三寶尋釁作較量，諾微嘎這敵人請速滅！
　　　猶如琵琶動聽之法音，雖無遠近親疏於教化，
　　　如犢飽飲母乳棄廉恥，母續密乘之主以貪食，
　　　將心正常血液空行法，以敬虛假攝取到手後，
　　　且粗魯行輕毀盟誓言，如狐背誓者請即誅滅！
　　　修習寂滅菩提心識界，如帶冠鳥尋食被攪亂，
　　　我等真諦論者狡詐人，被嘈災厄騷擾請攝服！
　　　兒如山王須彌穩修持，猶如清泉流水般發心，
　　　殘廢縱危性命依止您，如同大地絕不作動搖。
　　　肆意毀壞誓方此敵人，阿拉哈拉高聲狂笑中，
　　　不逾年月若不即消滅，您有神威是句虛假言。
　　　三角青藍熾燃界中央，欲界世間自在作愚母，
　　　示黑獨髻天女怒母面，九頭銅嘴鐵鳥爪與喙，
　　　目射疫血鼻噴麻瘋病，身出天花腹中肉火燒，
　　　九尖鐵鉤鉤吊敵心臟，鐵狼成群仰看渝盟肉。
　　　命主妖魔依怙烏鴉面，黑馬掛虎弓袋豹皮鞘。
　　　黑鐵利箭直插敵心臟，請破五部兵將渝盟敵！
　　　地上地下空間遍世界，十七華貢變化軍充滿，

虎豹熊羆成群怒衝衝，黑牛黑狗結隊氣凶凶，
飛鳥惡魔無數撲啦啦，請破卓崗嘎瓦那波敵！
右手鐵錘敲擊敵頭顱，左手風袋肝界卷狂風，
九頭鐵狼在上示凶兆，三百六十兵種引敵土。
獨腳黑鬼千軍已出發，猛烈雷電施放仇敵區。
群群食肉飛禽窺敵魂，黑狼嗷嗷嚎叫驚五神，
神鬼八部兵眾引向敵！今晚時值深更半夜時，
殺敵掏來紅心作標誌！福運飛幡吉祥莫怪責，
壽命宿業之力莫依託，履行誅滅事業到時機。


具誓海眾還願懺悔品

唵　智慧所成先知力，分辨善惡三昧耶，
　　如教隨修作伴友，具誓海眾請垂護！
　　我乃持密瑜伽師，許密法作妙金剛。
　　手身語意作修持，雖誠懇心立盟誓，
　　囚無明故未受益，迷亂墮罪作懺悔！
　　身語意為煩惱縛，已犯正犯不善罪，
　　或他人做而隨喜，此時悉無餘懺悔！
　　法身等空離戲論，以分別相取為我，
　　觀修不明逸於事，法性背義無餘懺！
　　雖自立誓晝夜修，靜定時短誦缺數，
　　儀軌增損念修亂，擺設供食有過犯，
　　雙修不規入邪途，密門顛倒逾教令，
　　一切違墮罪皆懺！跟破戒者結盟友，

大士具誓護法羯磨儀軌

滿足所求與所願，向破戒者講佛法，
並與聚會而雜處，不忌破戒成破敗，
一切冒瀆過犯懺！常期念修之本尊，
具誓護法意相違，念修不全供誤時，
罕業未盡摧誅業，身不潔淨觀修濁，
供不足願斷慈悲，增減儀規意不滿，
墮落放蕩諸過犯，今皆懺悔請使淨！
與諸本尊同住間，用心觀修莫離我，
慈悲垂護住壇城，加持灌頂賜成就。
慧眼除我無明暗，平等圓滿義各分。
功德圓成住法界，如空無別成法身。
如日光明受圓主，如光化身成眾業。
如廣虛空諸眾生，四業法界願解脫！
接誦百字明。善哉，吉祥！


總食子獻新設供淨治品

吽　舍！

自然頓成顱缽容器中，自顯五肉智慧五甘露，
滋養無盡吉祥此食子，三寶三身三根本海眾，
根本上師持明成就眾，內外三處勇識空行等，
今作清淨甘露而獻供！喀喀喀嘿喀嘿巴朗達。
華貢瑪囊四手臂怙主，護剎父母本曜金剛善，
法王五身凶煞七兄弟，應供應讚保護神眷屬，
及彼各自隨侍奴僕等，清淨甘露食子今獻供！

喀喀喀嘿喀嘿巴朗達，　誦此福壽財富功德滿。
修命終結自他二利成，　我相收攝他相已鎮伏，
於今此地修部請弘傳！　內外護法地祇與山神，
守舍五神庇佑諸神靈，　施行救護一切護法神，
住過靜地內外保護神，　清淨甘露食子今獻供！
喀喀喀嘿喀嘿巴朗達，　誦此一切地方與國土。
人畜疾病瘟疫請消除！　農豐牧旺雨水適時降！
自他所願無餘速使成！

吽　普賢靜猛無量金剛持，　金剛薩埵能仁薄伽梵，
　　金剛大持極喜妙獅子，　所有聖主鄔金頭矍力。
　　三世諸佛聖母喀欽薩，　南贍部州赤松德贊王，
　　印藏譯師學者大聖德，　調眾化身掘藏傳承師，
　　佛陀真身彼等上師眾，　法力所伏大力保護神，
　　護法具誓海眾諸神等，　請遵持明根本上師命，
　　佛陀教法共同與殊勝，　密乘伏藏精要法道統，
　　使永不衰興旺廣弘傳，　惡方怨敵從根請滅除！
　　善哉，願吉祥！


對諸護法託付事業品
嗟籟！
佛陀教法如器滿珍寶，　羅漢成律隨喜而行持，
三學會聚如出土樹木，　興旺不滅勝幢請樹起！
現今五濁惡世困惱眾，　遍計正義是道難調時，
了義菩提薩埵大經藏，　兩種菩提心使功德滿！

217

特別猶如幻化眾生道，金剛密乘大海熟解脫，
正道決定密乘之頂首。普遍弘傳事業請承辦！
對佛思量教化眾生界，與應機緣所說之教法，
心懷偏執嫉恨鬼纏縛，邪願怨敵心血請痛飲！
任何自在一切有情眾，負載沉重但如毒蛇心，
出行毀滅教眾利樂者，若作保護即毀你誓言，
執持邪見者與野蠻眾，貶低三寶名望小邦國，
其政猶如夜空之流星，使其墜地心臟請撥出！
供贊傲慢壇城未親見，恐懼第二佛陀之誓言，
惡方突然降臨之惡鬼，遊鬼化霧而行墜末劫。
廣聽博聞教義之功德，以悟解脫我續之徒眾，
為使同住佛法本枝故，壽業如上弦月使增長！
雖住於家信仰佛正見，以三寶尊作已上師者，
為彼大乘教化眾生故，行不放逸夜巡請保護！
教政根基圓滿使增長，旅途險道保無盜匪害，
所求事業如願請承辦，成熟二資糧果願吉祥！
（以上為欽則所作）。吉祥，善哉！

交　佛教護法三寶地位高，僧伽護部瑜伽壽德增，
聲望旗飄聲望吹海螺，眷屬受用請即使豐盛！
不老年華永存充沛力，眼觀奇妙景致心歡喜，
耳中常聞動聽美妙語，芬芳香氣常嗅不遠離，
飲食豐盛不斷使滿足！身所解觸感受盡樂舒，
意所體驗盡現解脫智，無漏大樂永久使滿足！
請你依你修你差遣你，威力勿小大悲請賜與！

於家吉祥圓滿使財旺，旅行險道小路使無阻，
怖畏敵匪賊害請救護！我與一切無邊有情眾，
修證無上圓滿菩提時，請息違緣魔障斷險阻，
順緣意趣任願使頓成！

任誰心雖一惦念，即賜所求勝悉地，
如意護法你等眾，請無餘成我心願！
昔日於大鄔金前，對依佛法修持人，
猶如母親護孩童，承許護持保護神，
我今向你致禮贊！請以三寶之真諦，
三本護法保護力，清淨法性之加持，
成就我托任何事！法祥上師足蓮穩，
持法善士遍大地，佛教施主財源豐，
佛法永住願吉祥！

一切諸佛唯一之捷道，諸佛普贊妙乘大圓滿，
佛王蓮師教理寧瑪派，佛法弘傳四方願吉祥！
大轉前弘佛法大海輪，對眾普宣密乘佐欽巴，
廣成眾業久美嶺巴氏，所傳佛法永盛願住世！
善哉，善哉！願一切吉祥！

# 蓮師財寶天王修法儀軌

釋義：蓮師財寶天王，又名紅財神，相傳由蓮師之化身——財寶天王所傳授。蓮師為普救有情眾生貧窮，以利密乘弟子積攢財寶增進資糧福德，由其化身財寶天王（紅財神）傳承此法。愚承師傳，今為漢地同學懇請，特傳此法，但為發無上菩提心及四無量心而修之，無不有殊勝妙用。

## 一、加行

1.祈請護法：

念護法祈請頌一遍：

喬松歐烏華貢喇嘛當，

吉代嘉措賴松卡卓措，

瑪貢薩冬次仁切敖拉，

喬索頓多薩頓南智措。

誦護法總持咒一遍

唵貝雜爾卓帝嘎勒哇（木）哈熱尼薩吽拍。

供法：用淨白酒一杯（以人未食用過之瓶酒為妥）以唵阿吽三字總持加持之，加持時觀想酒內有一藍色吽字發光，然後念供養偈一遍：

舍　德松桑傑更吉歐烏尼，

興拉咋哇烏金仁波且，

卓貢貝麻君賴智維勾，

貞欽喇嘛納拉喬拉布。

誦畢，用右手指將酒向空中彈三次，並意觀灑出之酒化為甘露大海遍佈虛空。護法空行部眾悉皆滿足。

2.加行念誦：

（1）發菩提心三遍　四無量心三遍

（2）不共皈依三遍

（3）供曼達一遍

（4）淨業觀空咒七遍

## 二、正行：觀空境

觀想空中皈依財寶天王之境相；蓮師身色通紅，一頭二臂二足，莊嚴衣飾佩環具足，左手掌上有一似松鼠樣動物，嘴巴大張，嘴內不斷吐出金銀財寶。此獸名曰吐寶獸。（此為財寶天王之形象）然後念財寶天王祈請頌一遍：

君益札朗薩吉娘巴伊，

賽鑒莫給納吉師維才，

益尼台措梅巴索哇帝，

烏金卡卓努拉措當吉，

烏捧遮果賽哇包措梅，

烏金貝麻君賴索哇帝，

桑巴林吉智巴興吉隆。

（釋義）：四大拂巡地精失，

有情疾病將臨時，

心勿疑慮來祈請，

烏金空行財神眾，

貧困饑渴除無餘，

祈請烏金蓮花生，

如願成就祈加持！

誦財寶天王心咒：

嗡，乍巴納，乍南乍耶娑哈

（多多益善）

## 三、結行

1. 百字明21遍

2. 迴向：

格哇德伊吉鬥達，華貢喇嘛智吉賴，

卓哇吉江瑪勒巴，帝伊薩拉果巴學！

（釋義）吾願通過世善行，修成本尊喇嘛果

一覽無餘齊發生，普遍渡至菩薩地！

一九九六年十一月十五日譯竟

# 最新伏藏頗哇遷識法成就儀軌

頗哇法釋義：首先去除一切執見，住於清淨光明法界，以證法身頗哇。終生修持生起次第，結莊嚴有情眾生事業化身之三曼陀羅，其人臨命終時則免墮輪回苦，以清淨光明之身往生佛土。次則報身頗哇，此是唯一實證糾正往生偏執之生起次第及圓滿次第二者雙運之法。終為明取不共境相之識，（即觀想）一者境相中脈，二者境相遷識，三者境相色身與發心住於佛剎。此為以自身住於佛剎之正知正見之首；因此，行者須觀自身中脈之中有八葉蓮花，放大光明，花上有月輪。又觀自身為金剛瑜伽母，足踩人屍，全身紅色，面如童子，三目遙視，衣飾佩環，六種威儀，莊嚴具足，體裸怖畏，手持堰月刀與人頭蓋，蓋中盛血。再則讚頌光芒透明之中脈，是為身證菩提之道，中脈外白間紅裡青藍色，上至頂門象一竅孔，下端直伸臍輪之中，臍輪之中有一明點，現五彩光，左旋右轉，飛出頂門一尺高，霎時頂門示現三身，是為幻化出一尊阿彌陀佛，光明示現，無量無邊，而為究竟。

（此時行者左手持金剛鈴，右手持法鼓加持之）

念誦：

喚麻火，

讓朗納達頓吉敖蒙香，讓勒納角瑪姆智馱堅，
希資多達參慧郎措采，勾威吾瑪達尼章吾札，
娘嘎賴賴金吾塔勒絲，熱吉達布桑傑敖化梅，
瑪莎娘雅金鐘巴達希，希資參慧佐巴智格切，
格拉果巴喜吾吉科佐。

釋義：

自性清淨成就光，自身金剛瑜伽母，
身紅手持堰月刀，一手又握血骷髏，
自在微笑華容相，體內中脈象箭莖，
下從臍輪至頂門，依怙即是長壽佛，
紅光充滿月輪中，自在微笑化身相，
置於佛土曼陀羅，

（行者繼續加持）

念誦：

娘吾熱巴當瑪特勒莎，吾瑪拉賴嘎達吉巴營，
桑傑敖化麥巴頭嘎忽。

釋義：

心輪照耀智明點，相好莊嚴境華容，
中脈飛升似流星，無量壽佛遷轉身。

（行者繼續加持）

念誦：

喚麻火，
旗勾郎塔龍格見熱絲，智勾卓維貢布班瑪君，
柔麥當希札貝索哇代，莎拉頗哇君哇興吉隆。

（多多念誦為宜）

釋義：

喚麻火，

法身報身真實意，怙主化身蓮花生，

堅忍苦修求祈請，遷識頗哇垂加持。

念誦聖號：

角旦德，德誉希巴，札覺巴揚達華佐比，桑傑貢布敖華德梅巴拉，夏茶洛卻朵嘉蘇卻。

（百千遍為宜）

釋義：南無，歸依，佛，薄伽梵，應供，如來，正偏知，無量壽佛，

此時行者再行祈請，後則心輪處舍字放出敗紅色光，且融於火光之中，流星斷滅，融於心輪無量壽佛之身，再從心輪之中吼出嘿嘿嘿三聲，似此反復修持，使無量光佛，怙主輪王，佛土之光融入中脈，不生不滅之紅光無量無邊，使全身解脫而成就。

特別要注重把壽與光明融入已心，則是觀想圓滿吉祥解脫依怙之主。

這樣，均已承事本尊修法，念誦已畢，再行迴向，以示授記。

依緣而傳上述大法之中，大量之識如箭離弦，隨嘿嘿嘿之聲，從心輪飛出，融入無量壽佛，進入清淨佛土，清淨修持此法，脈氣正向外行，獲得殊勝解脫。

依緣而傳此法，系十方眾生化身，由於懷疑已身欲意

所執，去除貪欲，愛欲，依頗哇之力，清淨之脈氣便向外行，以獲解脫。

注釋：

①生起次第：即修上師，本尊、寬餘行三個根本。

②三曼陀羅：即三曼荼羅：三昧耶曼陀羅，法曼陀羅，羯摩曼陀羅。

③圓滿次第：即修脈，氣，明點。

④明取不共境想之識：即安立名號之識，又注為想。

⑤喚麻火：感歎詞，可譯為奇呀，善哉。

⑥嘿嘿嘿三聲：此聲須從喉輪吼出，一吼為法身，二吼為報身，因之頂門示現三身。

一九九五年十月二十七日譯竟

# 西行學法記

原藏密研究會副秘書長

藏傳佛教經典譯師　劉兆麒（久美仁增）

　　得遇福德殊勝因緣，我生長在一個五代念佛的佛化家庭。在童年的記憶裡，是在晨鐘暮鼓的環境中生活的，因此，便受到了佛家各派的薰陶。那時候，常聽父親講，藏密五個學派之中，寧瑪學派（紅教）的大法及特異功能最為殊勝，藏區的喇嘛之中，達到空中飛行和數年斷食者不乏其人。特別是寧瑪學派的虹身、虹化史遺，使我產生了神奇的嚮往，從而與寧瑪之頓法結下了不解之緣。十歲時，我有幸受到了格魯學派鎖藏活佛的藏密四臂觀音法灌頂，由於這個學派重戒律，在大法的傳承上十分嚴格，一般人若非幾十年的功夫，也是很難進入高層次的灌頂傳法。我在青年時期，就受到了明師張晴麓先生（原甘肅學院教授）的佛學教導。大學時代，由於受到了明師王沂暖教授（貢嘎上師的親傳弟子）的教誨，並因公務關係，得以在青海、甘肅、四川阿壩等多康藏區任通事（藏文翻譯）以能對藏密各派達考察研究之責。並萌發了西行甘孜學法的宏願。

　　八十年代後，有吉林省一工程師介紹，得以認識甘孜

藏族自治州德行高尚的寧瑪派活佛珠巴仁波切，當時我欣喜若狂，即用藏文通信聯繫，祈請上師給予外力激發型灌頂。一九八三年底，上師意外地寫來了回信，並贈給我一枚予示吉祥的雪蓮花，據說這種雪蓮花當佛陀在印度入滅時，花即不開了，這枚雪蓮象徵著佛陀成就的種子，並約定在二月二十日清晨對我進行遠距離灌頂。屆時，我只抱著試一試的態度，上坐入靜約十分鐘，內子走進了我的佛堂，連說：「怎麼這麼香，是什麼花開了。」我出定後，亦有濃郁的檀香撲鼻，便到處搜索，早春二月，僅有的幾株盆景，也還不是開花的時候，香爐內亦沒燒香，究竟哪裡的香味呢？我是生就了一副傲骨的人，一般的情況，我是向來不服的，但這回我被折服了，至少要三千多公里，上師能應約從千里之遙來資訊，可見修持之深了。這時，我便下了西行學法的決心，我把這個想法寫信告訴了徐岱先生，徐先生全力支持，並寫信相約中國科學院研究生院牛實為教授，江西大學中文系黃輝邦教授及吉林省長春市傳染病醫院張秀芬主治醫師（女）同行，同年五月，徐先生信稱：牛實為教授公務纏身，張秀芬女士因搬家輟行，就只剩下我與黃教授了。七月暑假，黃約我到四川文殊院會齊，以便同行。

臨出發前，我又約了家鄉一位姓楊的居士結伴，動挪西借，湊足了盤費，便出發了。七月二十三日乘火車南抵錦城，即去文殊院訪黃輝邦教授不遇，就只得兼程遊覽蜀中名剎——新都寶光寺，拜見了秦川名僧淨天大法師。

二十五日晨，因川藏公路二郎山段塌方，只得搭汽車經新津，雙流，邛崍，繞道石棉西行，當晚，寓居原西康省省會雅安，一九四九年冬，國民黨川軍將領鄧錫侯，劉文輝等君曾在這裡為迎接解放而舉行過義舉，四川得以和平解放。三十多年過去了，這裡的建設成就亦為可觀，雅安已經變成一座高樓聳立的現代化城市了。

　　翌日，汽車沿著湍急的大渡河谷逆流而上，公路亦變得崎嶇，路旁懸崖峭壁，疊嶺層巒，海拔越來越高了，這時若隔著車窗遠眺，群山巍峨，瀑布飛泉，丘巔團團煙雲，亦為壯觀。大渡河——象一匹脫韁的野馬，一瀉千里，遠處的山頂，仍殘存愷愷白雪，宛如紅裝白帽，群山也似象人們示威，瀘定橋邊，銘記著紅軍的功績，大渡河畔，回蕩著壯士的軍歌。摸黑時，才趕到甘孜藏族自治州的州府所在地——康定。

　　康定，又名打箭爐。據說，蜀國丞相諸葛孔明七擒孟獲，在這裡屯兵造箭，以有「五月渡爐」，「深入不毛」的戰績，為「六出祁山」免除了後顧之憂。當晚，康定各旅館均已客滿，我與楊君只得賴著臉皮，蹲在州軍分區招待所的過道裡綣曲而臥，深夜寒氣逼人，我凍得瑟瑟索索，腳也冰僵了，這時才體驗到甘孜高原的夏夜，頓時，歷史上溝通中外文化交流，西行取經的翻譯家玄奘大師，徒步跋涉雪山學法的根造，密顯二師的動人事蹟鼓勵了我，使我戰勝了寒夜的煎熬。

　　次日晨，太陽從雪山背後露出了頭，照耀著拉姆寺頂

西行學法記

的琉璃瓦，放出了金碧輝煌的光芒，寺院的周圍，有幾個藏族阿媽在轉瑪尼堆，這是座格魯派的寺院，我的上師臨時寓居在緊靠寺院的州政協二樓，珠巴仁波切是一位和藹可親的人，今年六十三歲，他身材魁梧，滿面紅光，是原西康三大寺（噶妥，巴邦，竹慶）中噶妥寺的分院昂藏寺的二世活佛，弘揚寧瑪派大圓滿無上瑜伽大法。由於眾所周知的原因，五十年代時涉嫌冤獄，近年來，落實了民族宗教政策，上師得以「平反昭雪」，任州政協委員。他是一位治學嚴謹而修持很深的瑜伽行者，他不僅重實修，而且精研了顯密的系統理論，因此，我覺得能在上師金剛座下成為弟子而十分榮幸。

在珠巴仁波切家裡作客，我趕到毫無拘束之意，八十年代的康定，已不用牛糞作燃料而代之以電爐煮奶茶了，每日三餐，酥油糌粑，均吃上師的，至今回憶起來，實負內疚，據上師講，再過幾天州政府要開歡送會，由於落實了宗教政策，他要回昂藏寺祖庭去主持了。時間很緊迫，由於語言上無幾多障礙，中間不用翻譯，是用藏語直接傳承的。

上師照例舉行了升座儀式，接著便對我進行了藏密基本理論的考試，通過了傳法前的口頭答辯（噶宗）認為符合傳承弟子的標準，才開始灌頂傳法。首先傳了蓮師本尊法，作為第一部起信的灌頂，接著傳了六部護法，便破例連續傳承了三天三夜，傳完了阿底約噶部的無上瑜伽大圓滿精要之徹卻和脫嘎。按一般常規，藏密行者要用九年的功夫才可傳承到這部大法，考試不合格者，也許很難聽到

它。上師的慈悲，使我得以有此特勝因緣。在傳授脫嘎的過程中，上師從姿勢到觀宇宙明點。都是親自帶領我的，上師作一個動作，我在後邊跟著做，直到我看到了微觀世界有明點，才肯甘休，比如觀脫嘎的坐勢，獅子座，仙人座，象座等，這是我修持三十餘年所未聞者，也許漢人很少有人知道的。上師並給我用藏文傳授了整套大法，簽字銘印，以示耳傳承上師之明證。

其間，我又有幸得遇寧到通宗尼師，經尼師介紹，又受到格魯派達吉活佛的長壽佛灌頂。珠巴仁波切又帶領我拜見了寧瑪學派喜熱俄熱活佛和苯巴學派（黑教）的阿西活佛，在喜熱俄熱活佛的佛堂中，一睹蓮師佛母玉容而大開眼界。

臨別時，上師教誨我回到漢地要謙虛，不能輕視其他宗派的大法，他指出，密法象一碗蜂蜜，一次喝一口便覺得甜，也能吸收，喝多了，便會不覺得什麼，密法象海水，喝一口就行了，喝多了便不行，這是學習要循序漸進的道理。並給我們裝上酥油糌粑和奶渣子（曲拉），又語重心長地一再囑咐我，這是回去路上的資糧，有用處的。

八月三日，我們乘汽車過瀘定，攀過二郎山，抵角基坪（天全縣境內）時，小鎮口擁著一百多輛汽車，據說，前方五公里處塌方了，當晚，上千人被困在一個小山溝裡，煮苞米也沒有賣的了，車站邊開水也供應不及，大家都斷糧了，唯有我帶有資糧，不致饑餓。上師有無特異功能，便一目了然了。夜裡，只有坐在汽車中打盹，便算休

西行學法記

息。第二天，公路仍塌方，我為了過塌方的積石堆，懸崖頂上忽然一聲巨響，巨石逞著鬆軟的泥沙滾滾而來，剎時，養路工的吆喝聲，大渡河的波濤聲，巨石的撞擊聲混成一片，這時，我急中生智，從亂石中猛然一躍，跳出了危險區，倖免了一場悲劇的發生，腳板被刺破了，腿也撞得流血，鞋也丟了，我用手帕包札了傷口，赤著腳在泥濘的公路上行走，快到天全縣時，才搭上一輛雙排座的汽車。事後，我才悟出了有大法必有魔障的道理。亦明白了每天必念修《消除道障祈請誦》的重要性。

八月五日下午經雅定又回到了錦城，在寶光寺小住，以聽淨天大法師開示佛家天臺宗「行布法」，始知宇宙之大，實非哲人而無能明嘹者也。

六年過去了，每當回憶起此事，就百感交集，知此殊勝之法實得之不易耳。

據後來所知，江西大學黃輝教授亦獨自西行，遠涉白玉昂藏寺亦有傳承。八八年春，上師有幸到京參加學術交流會，愚得侍左右，經愚翻譯，此法亦傳給隱居終南山多年的本學法師等五人。徐岱先生以誠相待，西行時助資人民幣五十元，在此一併鳴謝。

1990. 於北京

232

# 朝禮祖庭——阿宗寺

劉兆麒

　　我懷著激動的心情，去朝禮神往的聖地，我噙著滿眶的熱淚，去拜見闊別近十年之久的根本上師——珠巴仁波且……

　　這次赴阿宗寺（一譯為昂藏寺）是受蘭州永靖法輪寺之托，邀請仁波且來漢地講經傳法的，我們一行三人於1997年5月11日從蘭州乘民航波音737客機抵四川成都。到蓉城後，由於二郎山正修隧道，所以仍繞漢源、石棉去甘孜的州府康定，由於國家經濟建設的飛躍發展，川康路已鋪上柏油路面，因此，路途就減少了一些不必要的疲勞與顛簸。

　　我們乘臥鋪車於12日抵康定時，那裡正在進行一年一度的跑馬會，康定城市的大街小巷都換上了節日的盛裝，藏族姑娘們成群結隊地在大街小巷觀光，她們頭上盤著五彩繽紛的花環，戴著寶石鑲嵌的項鍊，滿身掛著珍貴的銀飾，玳瑁的奶勺，玉翠璐瑤，紅裝素裹，長裙飄逸，裝點著跑馬溜溜山上的賽場。當夜幕慢慢拉下之際，她們在廣場上的霓虹燈下，翩躚起舞，盡情地享受著節日的歡樂……

　　翌日晨，由於我們時間倉促，只能忍痛割愛，放棄了

參加跑馬山上的盛會，而乘車西行，翻過了海拔三千五百多米的折多山，沿著搓板式的盤山公路繼續西行，公路旁松林茂密，遠處，一群群犛牛在草原上安祥地吃草，在公路的轉彎處，可以見到幾輛拉木料的卡車倒裁在路邊，車禍的慘狀真使人目不忍睹。我們的國家已建設四十餘年了，雖然各方面都取得了輝煌的成就，但由於國家大，擔子太重了，還窮得顧不上修繕這條唯

一通往神秘的香格里拉之鄉的川藏公路。也是1951年人民解放軍進藏時修築的一條唯一的公路。感歎之餘，更激起了一個佛教徒真誠的報國之心。我們一行經道孚、住爐霍，曉行夜宿，歷盡了兩天的艱苦險阻，15日中午，到達原西康省的重鎮甘孜時，年邁花甲的我，已是筋疲力盡了。然而，甘孜的風土人情及秀麗的景色，使我又恢復了充沛的精力；清澈而湍急的雅礱江環繞的甘孜，是個藏族聚居的古城，在那裡居住的還有撒拉人、回族、昌都人和拉薩人，甚至還有長途跋涉進行商務活動的印度人和尼泊爾人，她們不同的膚色，不同的語言，但為了一個共同的經濟目標，和睦共處，互相融合。當神州大地改革開放大潮的衝擊波幅射到了這個保守而封閉的小城時，無論街道兩旁繪畫著濃郁的藏傳佛教色彩的曼陀羅的木板樓，還有佛塔聳立的寺院，都顯得有了經濟大潮的生機。街道上人來人往，有來自牧區粗獷的牧人，也有能擠五百頭奶的多情的藏族姑娘，還有披著袈裟的紅教喇嘛。在街道一端的水泥橋上，有七八個紅教喇嘛盤腿而坐，他們唱著佛歌，

在向行人乞討，並向每個施捨者祝福吉祥。據說，這種乞討的瑜伽行者，可以打掉自身修持中的我慢心，以斷除成就之路上的一種執障。相反，若施捨者在這些苦行僧的面前供養，亦會受到苦行僧們的殊勝加持。為此，我們一行都莊嚴地向他們合掌致禮，並送了供養，以祈一路朝禮的吉祥。

一九三五年，當中華民族面臨著危亡的嚴峻時刻，紅軍為了北上抗擊日本侵略者，曾長征路過此地，紅二、四方面軍曾在這裡會師、召開了有名的「甘孜會議」，在這裡撒下了革命的種子。在這裡，還有資助過紅軍的格達活佛的寺院。在兩天旅途中，我曾經到處尋找六十年前紅軍走過的足跡，以及電影中那位憨厚而正直的藏族老嚮導的影子，但遺憾的是，除了遠方的白雲以外，一切都消逝了……但願格達活佛等先烈們的忠魂在地下安息！但願先烈們象遠方的白雲和雪山上的青松一樣，永垂不朽。為了等待班車，我們在這裡多逗留了一天，但我得到的，不僅是甘孜康巴人的民族情，還得到了紅軍戰士的愛國之情。

十七日晨五時，我們在朦朧的夜色中，搭上西行的汽車，爬上了海拔四千八百多米的甘孜雪山。雪山，在文學作品中，是一個很有魅力而令人神往的地方，它對人們的誘惑力，不亞於一位濃裝豔抹的摩登女郎，叫人既可愛又可怕，對於一個在藏區生活了多年的我來說，是早就領教過的。為此，我們在出發之前都換上了羊毛衫，同行的周先生還特意穿上羽絨服，以防嚴寒的侵襲，汽車越爬越高，已掛上了四擋，仍喘著粗氣，象蝸牛一樣慢慢地爬行。天

亮了，太陽從天邊露出了它的光明的頭顱，霞光萬丈，照耀著雪山頂上，泛起了一片一片的銀色波浪。雪山，象一位害羞的少女，面頰上泛起一陣陣的紅暈，這種紅暈時而緋亮，時而雅淡，若隱若明，這時，我們都覺得浸在甜甜的幸福之中，甚至高山反應的氣喘都忘卻了，同行的劉步芳先生，迷縫著眼睛，象年輕人一樣，享受著這大自然賦予的愛。峪底，由雪山上慢慢消融的涓涓小溪，彙集成急湍的河流，從陡峭的深谷中怒吼著一瀉而下，有時，形成天然瀑布，在向人們宣示高原的雄偉。但人們卻不知道，歷史上有多少求法者，卻因高山反應，翻不了這座雪山而卻步，甚至窒息而長眠在雪山，有多少紅軍戰士，在雪山上獻出了他們寶貴生命……。

汽車攀涉了近八個小時，晌午時分，抵達了白玉縣昌台鎮，我們下車後，稍微休息了一下，便雇了一輛手扶拖拉機，順河谷的牧區公路而上，沿途松林茂密，水草茂盛，牛羊成群，約一小時許，阿宗寺已隱約可見，這時，我心裡很激動，距寺院越來越近了，我的心也離得上師越來越近了，闊別十年，對鏡自照，已兩鬢蒼蒼，人生無常，修持密法卻是無止境的……

阿宗寺坐落在海拔四千五百多米至四千八百米的一個山坡上，四周蒼松翠柏環抱，中間是大經堂——一座城堡式的藏傳佛教寺院，大經堂上方是規模宏大的印經院，四周按方位有四個護法塔，無論是護法塔或是松林周圍，均有許多瑪尼旗懸掛，以示行法的順利圓滿。珠巴仁波且的

住所在印經院隔壁，是一座藏式的兩層木樓，當我們一行沿著樓梯而上時，仁波且及佛母已站在樓梯口迎接，並大聲喊叫我的漢文名字，我這時因太激動，幾乎一句話也講不出來了，只有熱淚滿眶而已。由於路途緊張，高原反應，我緊口喘著氣，一行三人給仁波且和佛母行了見面禮，獻哈達、供曼達例行過後，便與仁波且暢談了闊別之情；仁波且說我胖了，年輕了，我回答說：「這是仁波且的加持力，也是仁波且的福氣」。佛女尼多已不是在北京見時的那個羞澀的小女孩，而是出落得白白淨淨的大姑娘了，她數年前已出家為尼，現戒相具足，熱情地喊我師兄。佛子江嘎，是一位修持很刻苦的瑜伽行者，早在九年前參加北京藏密學術會議期間，我曾親眼目睹了他表演的空行法，他能夠離地一米騰空而起，可惜此次因他在一年前去了桑耶寺關閉而無緣見面了。

晚餐由佛女尼多親自主飲，居然吃的大米飯，佐以肉片炒青菜，飯後才知，佛母予先已知我們一行的到來（事先我們並未寫信或電示）清晨即坐車去昌台鎮專程買菜，這種牧區罕見的招待，顯然把我們一行弟子當成貴賓一級，他們自己卻每日三餐酥油糌粑，省吃儉用，而把全國金剛弟子歷年積攢的供養貢獻給了社會的教育事業，在昌台區辦了一所希望小學，贏得了各級政府部門的讚譽。

晚餐後，我圍著木炭火思緒萬千，久久不能入睡，據歷史記載，前弘期以後，由於藏王朗達瑪五年滅法，使西藏密宗遭受到了史無前例的劫難，蓮師為了保存密法，在

入滅前把法傳給了他的佛母益喜措嘉，而佛母又把法埋藏到了地水火風空五大之中，形成了以後的伏藏；同時，具德金剛為逃避法難，跑到了西康（因當時康區與西藏在行政轄區上是分治的）交通阻塞的白玉、德格一帶，形成了西康的地形險阻，氣候惡寒，交通閉塞，所以一般的求法者都難尋到，這樣才使密法完整地保存下來，給人類留下了一筆無價的財富。月前，仁波且正利用現有的財力大興土木，籌建一座康區具一定規模的佛學院，我想，不久以後，我將與仁波且一起，在仁波且的加持下，在佛學院擔任教職，以培訓有知識有文化的僧才，為大教盡微薄之力。

十八日晨，珠巴仁波且升座收徒，正式接收我的兩個同行者周先生及劉步芳居士為金剛弟子，給每人分贈銅佛各一尊及觀音唐噶、藏藥等物，以增加一行人的福德，並愉快地接受了請他來漢地傳法的邀請。下午繼續給該寺喇嘛講授隆欽大圓滿，預計講20多天，聽眾不僅是當地僧人，還有來自昌都、拉薩、日喀則及青海同仁、甘南拉卜楞、卓尼等地的紅、黃、花、白各教派僧眾五百餘人，共沐法乳。

十九日晨，我們懷著依依不捨的心情離開了阿宗寺，在返鄉途中，我們念誦著蓮師心咒及金剛心百字明。我們堅信，蓮師永遠在我們心中，珠巴仁波且永遠在我們心中，我們永遠相應，永不分離，直到蓮師國土。

# 藏密脈氣學淺說

劉兆麒

藏密脈氣學不但是藏學密宗的精華，也是東方文化及世界文化的瑰寶，特別是現代科學技術日新月異發展的今天，藏密脈氣學之精闊更得到世界科學界的驗證和關注。因此，有人曾預言，二十一世紀將成為發展及驗證藏密脈氣學的新紀元，到那時候，因為人們對自然界和人體生命科學的重新認識及檢測儀器的發展，將會證實人體生命的許多奧秘及自然界許多人們尚不知道的東西，從而使這支東方文明的瑰寶為人類造福，使人類不斷豐富和發展自己的生命，達到延緩衰老及死亡的過程，並且對人類的優生優育作出巨大的貢獻。

藏密脈氣學主要理論及修持過程，在藏密修持的第二階段，即圓滿次第，藏文為阿努瑜伽，（第一階段為生起次第，藏文為麻哈瑜伽，主要修持內容為：上師、本尊、空行）主要修持脈氣與明點，從而為第三階段修持大圓滿之徹卻及脫嘎，使智慧明點之呈現打好堅實的基礎，智慧明點之呈現及修持法便是藏密中獲得殊勝成就而示現三身的必由之路。甘孜昂藏寺二世珠巴仁波且曾經教

誨我們:「當智慧明點呈現之際,行者當隨著光明力繼續前進,便會示現三身,《名稱經》云:識轉變之自性,其本性定為法身(Pnarmaka),自性明為受用身(圓滿報身)(Sambhogakaga)慈悲化度眾生為應化身(Nrnanakaga),所謂認識三身,即指此而言。這種自力本性,即為圓滿,是為大圓鏡智者也」。珠巴仁波且的英明開示,給我們漢地學人指出一條正確的修持之路,使我們破除迷信及執著,在修持上獲益匪淺。

藏密脈氣學的出現,它與漢族中醫經絡學一樣,是與西藏醫學的發掘而同時面世的,它源於印度瑜伽學派之瑜伽大師們修持實踐的結晶,最早有記載的主要依據,便是古印度《奧義書》中有關脈氣說之章節,如果追溯問源,它則象中國歷史上伏羲與女媧的神話故事一樣,也似西方文化中亞當與夏娃創造人類的傳說一樣富有神話色彩,據藏族學者日瓊仁波且、甲拜袞桑大師撰文;長期以來,在人類生存的黃金時代,人們並不攝取食物,而是依靠「三昧」(脈氣學修行之境界、筆者注)來生活的。那時候,沒有太陽,沒有月亮,也沒有星星,因為他們本身就能發出光明。不論是白天或是黑夜,都沒有聲音。他們有奇跡般的力量,能在空中飛翔,而且體態優美,他們什麼也不需要,好象是生命在天堂裡一樣。有一天,一個男人由於前世學得的習慣而吃了地上的瀝青,終於,他得了不消化的疾病,而且病得很厲害,婆羅門知道這一消息後,深表同情,並回憶了佛祖釋迦能仁講過的醫書,醫書中提出要喝

開水來治療消化方面的疾病。於是，他囑咐那個病人去喝開水，果然把病治好了，因此，他們認為，最早的疾病是消化不良，而第一個病人是人體，最早的藥是開水，而第一個醫生則是梵天。

印度脈氣學在第二十五代藏王時傳到西藏後，得到了進一步的發展，雖然在西藏歷史上有過朗達瑪滅教的時代，但脈氣學因一方面屬於西藏醫學之範疇而並未得到摧殘和衝擊，在前弘期時，蓮花生本人也寫了一部叫《甘露要素》的書。爾後，蓮師的弟子隆欽然絳巴和持明無畏洲跟蓮師關於脈氣，明點之學說撰編了脈氣學的巨卷《隆欽心髓》，即隆欽大圓滿，成為歷史至今藏學界的偉大巨著，從而確立了藏密脈氣學的修持系統。

據《四部醫典》中《據悉》之記載；脈可分為四種：
（1）初成脈。（2）世界脈。（3）聯合脈。（4）維持生命脈。
如果按功能分類，可分為三種：
（1）中脈：即中心脈，所有之氣脈，均來自中脈。
（2）血脈：所有的血脈，來自右側脈，又叫右脈。（3）永脈：所有的永脈，來自左側脈，又叫左脈。以上三條脈匯合之處，形成了一個中心，由中心處又分出五個脈，其狀如輪幅，它們與中脈相垂直，在與頂部垂直之脈稱為頂輪，中脈與頂輪垂直之處在解剖學上稱為松果體，（即前腦與後腦分界之中心點），據有的資料介紹，在遠古時代，在人類進化的過程之中，這個松果體可以發光，即為人的天眼，以後由於人類之進化，貪、瞋、癡的增多，生存鬥爭的複

藏密脈氣學淺說

雜化，松果體便不發光了，人類便失去了天眼。據生物學家介紹，現在某些海洋生物的松果體仍在發光，他們可以洞察海中敵人的侵襲。並且由頂輪的中心分出一支白脈 行至頭部之顛頂，這就使得腦子得以產生，腦產生粘液，是無知，呆癡及憂鬱的一種基本因，卻是輔助因素。因此，瞌睡，憂鬱的感覺總在頭部。頂輪有二十四條大脈，五百條分支脈。在中脈與喉部垂直輪狀脈叫喉輪，其中心處，解剖學上便叫做甲狀腺，喉輪有二十四條味覺脈，與自我感覺有關，包括記憶，想像力及其他六種感覺。由心臟中心發出一條紅脈走向這個中心（即心輪中心）的前方，五種知覺（不包括思想意識）就是通過紅脈起作用的。在心輪中心（即心腺）的右側有一條黃脈，與實在的自體知覺有關，在其左側有一條藍脈，與智力有關，在背側有一條綠脈，與罪孽思想有關。在中脈與肚臍相垂直處，有一個輪幅，稱為臍輪，臍輪之中心處，解剖學上稱為腎上腺，臍輪之輪幅仍有二十四條脈與五百條分支，此脈之中心點在醫學稱為生命的後天之源，亦是智慧明點在人類兩性交合之後，當一個精子與一個卵子形成受精卵後，智慧明點便形成了，它將主導著胎兒在子宮中發育和成長，在生殖器官周圍，亦有一個輪幅狀的脈群與中脈垂直，此垂直點解剖學上稱為性下腺，它同樣有二十四條脈與五百條分支脈。這個輪幅叫做陰輪，有的資料稱為密輪或生殖輪。它與一生物的遺傳與保存有關，也是五輪中繁衍人類的最重要的一個輪。

中脈的下端至陰輪而終止，男性可伸延至生殖器尖端，而女性卻在子宮的底部，也就是說在子宮頸之最尖端。當中脈之下行氣流通後，陰輪之五百條分支脈亦被打通，從而使人體能量通過陰輪而昇華為性力，因此，一個人生命力的旺盛與否，當決定於人體靈熱（即能量）的昇華的副產品——性熱的昇華，從而使人們產生性欲。（有關藏密脈氣學與性學，筆者將另外撰文論述）。

無垢光尊者認為：中脈中流通的氣叫命氣，就它的功能性，可分為專管外界幅射場的功能氣，而功能氣則具有聲、光、力、電磁等物理性質，但因為它又都帶有指揮控制它的咒語密碼，故亦有一定的遙控性，而智慧氣亦能產生智慧光，所以，藏密脈氣學的修持過程，完全是對於智慧氣和智慧光的調控過程。同時，由於中脈之形狀為上粗下細，所以在中脈中流通之氣可分為上行氣和下行氣，上行氣易，下行氣則難。以致脈輪的打通仍是由頂輪而下順序至陰輪的，頂輪被打開的同時，中脈上端亦有脈衝感，以致頂部突突跳動，頭部有箍緊感。甚至出現頂部凹陷、流黃水、發癢的表現和感覺，藏密金剛上師認為，中脈的上一端要被打開，中脈之上端被打通之後，將使宇宙中無限之能量源源不斷地通過中脈進入人體，轉變為人體能量，而為人類長壽和虹化打下堅實的基礎。然而藏密佛教認為，中脈被打開時即是打通了通向極樂世界的成佛之路，所以如果沒有上師在場灌頂加持，便會失去自己之本體，因此，這是十分危險的過程。然而在脈氣修持過程中，上師利用

外力的激發，（通常用頗瓦法）在三至七天之內可以為人們打通中脈而獲殊勝成就，再為人們插上吉祥草。筆者曾四次目睹並親身體驗了開頂插草的過程，特別是在茅草沒有消毒的情況下插入頭頂近一公分之深而人們不但安全無恙，而且開頂後智力及身體素質居然得到了提高，這點，尚是現代科學目前無法得出結論的，願大家攜起手來，共同研究、共同實踐，把藏密脈氣學這門古老的傳統科學發揚廣大，為人類造福。

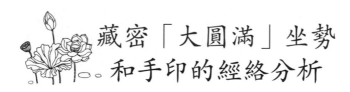

# 藏密「大圓滿」坐勢和手印的經絡分析

劉兆麒

湖南大學主治醫師　沈佩文

　　藏密的修持手法雖屬於佛教修持法，亦不忽視修行者延年益壽祛除病魔的功效。密宗的加行法要求修就金剛不壞軀，也稱培植福本，積攢資糧。這種方法主要在於增強體質、開智明慧。例如藏密中的調心、調身、調息等三個方面的結合即屬此列。而這三方面則是相輔相成並以調心（即降伏其心）為主而福慧雙修的。

　　藏密的調身之法，以靜坐為主，而靜坐的姿勢卻不同於其他，大致可分為以下四種：

　　1.金剛座（即跏趺坐），又可分為雙跏趺和單跏趺二種：雙跏趺又叫雙盤，即兩腿盤曲而坐，兩腿交叉，以左腳搭右膝，以右腳搭左膝之上，坐如弓，腰微俯，兩手和南，或作手印，眼簾下垂，使之只見鼻尖，又似坐禪之打坐。單跏趺又叫單盤，即兩腿盤曲而坐，使右腳搭左膝之上。或左腳搭右膝之上均可。身體姿勢為雙盤，此座為密乘的總持之身。

　　2.象座，又稱法身座。如象臥，兩足掌相貼，胸外

挺，腰端直，兩手四指與大拇指置兩足之中，頭微俯，略如踞坐之勢，此坐法的功效是能令鼓動之氣下壓。腰端直者，令正氣舒適，頭微俯者，令妄心自斷，四指與大拇指置兩足中間者，則調勻四大。

3.獅子座，又名報身座。勢如獅，兩膝相並跪地，胸近膝，兩肘著地，兩手掌相並撐腮，兩足跟相並墊股，兩足掌豎立，兩足趾蜷曲向後貼地。其兩膝近胸者，令熱氣愉快舒暢，兩肘著地者，調勻陰陽二氣，兩手掌撐腮者，令粗氣自斷，兩足掌豎立者，足趾蜷曲，是令昏沉與掉舉調平。

4.仙人座，又名化身座。坐如金仙，兩膝兩足掌相並蹲坐，足心踏地，胸貼兩膝，小腹微凹，頭微俯，身端直，兩肘左右交叉，按兩膝。兩膝蹲坐者，調勻全身氣脈，兩足掌踏地者，壓下水火之力，腰端正，則調心之氣順適而返於本性。兩膝相並著胸者，使身中「火大」之氣成為智慧燃燒（智慧火）；小腹微凹者，則妄心自為；兩手交叉按膝，可除熱病。

以上四種坐勢，謂之調身，也是修持大圓滿而降伏其心的前提條件，也就是說，修習藏密大圓滿首先要學習坐勢。其中的金剛坐法可以引左右二脈之氣入中脈，可以引地水火風空五氣進入中脈，可以引命根氣入中脈。可除修氣之病，可解諸脈旨。

藏密調身的另一個重要方面就是作手印：藏密的手印大致可分為法印和表相印兩類，法印密不外傳，得上師密

傳法印者甚少，以示密法傳承的嚴肅性。表相印包括：結字觀印、金剛印、金剛拳、大蓮花印等。藏密的調息，以練寶瓶和九節風為主。

　　修「大圓滿」法主要配合寶瓶氣時，以意領光。以白、紅、藍三種不同的光形成不同的光子束，把宇宙這個輻射場之光，用意領入，引到頭部，然後到達全身，據中醫理論頭為三陽之首，三陽者，太陽也，從巔頂下項皆足太陽經脈之部。人體五官，各有所屬，兩顴屬腎，兩目為肝竅，兩鼻為肺竅，脾開竅於口，心開竅於舌，腎開竅於耳。當外氣進入人體，輻射場的光子進入人體時，通過各種手印，促進了光子及外氣，沿著二十經氣血貫注到人體各處。十二經經脈的走向規律在《靈樞‧逆順肥瘦篇》中作了概括的說明。它說：手之三陰，從胸走手，手之三陽，從手走頭；足之三陽，從頭走足；足之三陰，從足走腹。這就是說十二經脈中的手三陰經脈，其循行的起點是從胸部，經臑臂而上行於頭面部，足三陽經脈，從頭面部（緊接著手三陽經終點）下行，經軀幹、下肢止於足趾間；足三陰經脈，從足趾間（緊接著足三陽經的終點）上行而止於胸腹部。手三陰經分佈在手臂臑部的內側，其具體情況是；太陰在前，厥陰在中，少陰在後，手三陽經分佈在手臂臑部外側，其具體情況是：陽明在前，少陽居中，太陽在後。足三陽經是從頭面部下行，在軀幹部份分佈的情況是：太陽行身之背，陽明行身之前，少陽行身之側；而下肢部份則迴圈於股脛行側，其分佈情況是：陽明在前，少

藏密「大圓滿」坐勢和手印的經絡分析

陽居中，太陽在後，足三陰經在下肢部迴圈於股內側，上行入腹胸，其具體情況，在內踝上八寸以下的：厥陰在前，太陰在中，少陰在後，八寸以上則厥陰與太陰交叉，太陰在前，厥陰在中，少陰仍在後。中醫經絡學指出；五指分五指內側處和爪甲外側處。「少商」穴在食指爪甲外側處屬手太陰肺經，「商陽」穴是屬手陽明大腸經，中指端「中衝」穴是屬手厥陰心包經，小指外側爪甲處「少衝」穴是屬手少陰心經，小指內側「少澤」穴是屬於手太陽小腸經，無名指爪甲外側處「關衝」穴是屬手少陽三焦經。十二經絡走向說明修持能通過手印，能幫助修持者溝能六經，相互貫氣，有利於清心，開肺氣，健小腸，通三焦，增強人體對外界的適應能力和人體自身的調節能力。

總之，「大圓滿」法通過調身、手印、觀光，以意導引光，以意念導引型觀想與光電導引型相結合，練氣而致腹輪行氣如丘，可以使氣和光在人體內部發生精氣神的改變，又致體內陽氣升提，五臟六腑得以溫煦，氣練意練而致精充、血氣足、神明。正如《黃帝內經》所言：「精神內守病安從何來，認真練氣百日補虧。」五臟六腑氣血旺盛，就達到了延年益壽的目的，也就造就了金剛不壞之身。

# 試談藏密脈氣學

原甘肅省政府參事室主任　東秀‧多丹賽蓋（藏）

我國藏族地區，社會和經濟發展情況雖然比較落後，但是，人體科學方面確實處於領先地位。藏密脈氣學是修持和成就人體科學高級次第的最佳義理和方法，很有必要把它介紹給全人類，以利人類社會的不斷發展。

1.為什麼藏密脈氣學是修持和成就人體科學高級次第的最佳義理和方法呢？藏密脈氣學之所以如此，是因為它主張在修持脈氣過程中，用「唵阿吽」系列的咒語起動人體本有的三脈七輪，打開火脈與靈脈，激發人體本有的各種能量與功能，開發人體本有的通曉過去未來的智慧潛力，幫助人體以最大的限度選採宇宙精氣來補充自己，觀世音菩薩之所以能修成千手千眼佛，發誓要「普渡眾生」，正是因為修通了三脈七輪。從三脈七輪上伸出千手千眼，有法力「普渡眾生」；米拉熱巴之所以今生今世修習成佛，也正是因為修通了三脈七輪，激發了人體本有的各種能量和功能有法力騰飛自在，這些是歷史實事。既不可神化，也不能否定。在這裡需要特別強調的是：藏密脈氣學所主張的三脈七輪與「唵阿吽」系列在修持過程中採氣量最大，

對贈加功力和出功補益最大，沒有任何一種法在這方面能與它相提並論。

2.藏族地區為什麼活佛多？藏密脈氣學要求修者在修持過程中必須嚴格按照「唵阿吽」系列進行修持，將「唵」字默念在頂輪，以淨身業，修習和成就身金剛，達到化身果位；將「阿」字默念在喉輪，以淨語業。修持和成就語金剛，達到報身果位；將「吽」字默念在心輪，以淨意業，修持和成就意金剛，達到法身果位。藏傳佛教的活佛，就是從修三脈七輪和「唵阿吽」系列的正確運用中所產生的達到化身或報身或法身果位高僧的下世及其以後各代的轉世。高僧達到上述三種果位中的任何一種後，才有資格下一代轉世為同等果位的活佛。在藏族人民生活的地區，沒有寺院的部落和村莊是沒有的；沒有活佛的寺院是極少數，一般寺院裡不僅有一位主體活佛，而且還有幾位，十幾位甚至幾十位住寺活佛。達賴和班禪就是藏族地區星落棋布的寺院裡眾多活佛的代表人物；達賴的前代高僧曾在修脈氣過程中達到化身果位。這些活佛的產生與存在有力地說明瞭藏族地區的確佔有人體科學的領先地位，是中華民族的光榮和驕傲。如同喜馬拉雅山的珠穆朗瑪峰一樣，藏密脈氣學是人體科學的高峰。

3.活佛圓寂後為什麼有的遺體可以永久保存，而有的遺體不能保存呢？這裡涉及到人體科學的修持程度問題。前面說過，每一位活佛的第一代活佛的前世必須是達到某種果位的高僧，其後世才是活佛。作為活佛，不一定代代

必須達到前世所達到的果位，其中有達到前世果位的活佛，也有坐享其成的活佛。所以，活佛圓寂後能不能保存遺體，完全在修自修程度。當然，能保存遺體的人不一定必須都是活佛，一般人修持藏密脈氣學方面有大成就者的遺體照樣有能永久保存的。保存遺體的問題，除了上述情況之外，還有其他方面的原因，在此不必細講。

藏密脈氣學的大成就者生命結束時的情形有三種：第一種，在一道閃光過後，人體有感覺的部分不見了，無感覺的部份（即頭髮、眉毛、汗毛、指甲等）留下了。第二種，將人體縮小到十幾厘米到二十厘米，一切完好清晰。第三種，坐化。其遺體有能永久保存的，有的甚至在保存過程中髮鬚繼續生長；遺體也有不能保存的。以上三種情形說明瞭人體科學的部分作用，今後應該通過具體研究瞭解作用從何而起。

4. 修持藏密脈氣學有沒有前提條件？前提條件是有的，而且都是靠修者自己在修持的初期去創造和具備的。藏密脈氣學的高層次功夫是義理、方案法、功力的綜合。要達到高層次功夫，就必須先給高層建築打好堅實的基礎，否則，無法建築，更談不上高層次。為了打好基礎，藏密脈氣學的大成就者通過實踐，向實修者提出必須首先完成「四加行」或「六加行」的要求，即嗑十萬個長頭、獻十萬次曼札、念一百萬遍百字明、念一千萬遍蓮花生大師心咒。並且強調指出：在打基礎方面來不得半點虛假，否則，根本無法達到修的真正目的。

5. 世上為什麼會有密宗？密宗不是從天上掉下來的，

也不是從地上冒出來的，而完全來源於人類的社會實踐。密宗的「密，」密在修者自身，密在咒語。

當然，保密不等於保守。以往密宗學者在保密過程中，是有保守的一面的。從歷史上密宗學者的作法來看，早期只准一師教一個到兩個徒弟，後來改為一師教七八個徒弟。這樣做的結果，使藏密脈氣學這一人體科學的成果長期掌握在極少數人的手中，即不能「普渡眾生」又不能服務社會。

「普渡眾生」的本意是，讓人人通過學習和修持密宗脈氣學去達到化身、報身或法身果位，達到佛的境界。我們這一代人有責任改變以往極少數人的作法，讓人人學習人體科學，掌握自渡能力，當人從能夠自渡的時候，也正是徹底實現「普渡眾生」這一佛教宏大誓願的時候。

6.如何修持藏密脈氣學？以功德為重，分層次修持，首先請上師授予密宗的傳宗接代之權，修「加行」，打基礎，其次，請上師為修者定本尊心咒，請賜修者心咒，教授本尊的義理與大法。再其次，由上師根據修持者的各個修持次第的實際情況，灌頂加持，修成本尊。只要本尊修成了，再修其他佛的大法，就會非常順利。每尊佛有每尊佛的大法，其共同點是大家都必須通過三脈七輪來修各自的功力。「法無定法，萬法歸宗」；灌頂授權，接代傳宗。

本文的目的是介紹藏密脈氣學，但是由於水準和修持次第有限，對於高層次的教理，大法和功力難以做到深入介紹，只有在今後學習與修持過程中進行彌補。

隆欽大圓滿心髓集要

# 藏密脈氣與氣的類別

西藏自治區藏醫院教授　次朗（藏）

西北民族大學教授　王沂暖　翻譯

　　修持的基礎是自身的脈與氣，所修的是生命的功力與妙法，修持的結果是身無病痛心安樂，最終能取得長壽與幸福。

　　人的身體由脈、氣、明點三者而成，在脈道上，要知道脈的樣式、如果不知道人體脈的形式所在，就不知道氣的所在，如果不知氣的所在，就難以知道貫通到氣的要點，因此，首先要知脈的類別。

　　醫書上所說的脈的類別，指一般人的身體上較明顯現並共有的脈。另有，金剛身的本性所決定的時輪等續部所說的脈的類別，首先在醫書所說人體共同顯現的脈有三種類：水脈、血脈、氣脈。

　　水脈從頭上向下伸背髓及共支脈，是白色之脈，血脈從身體中間，如紅瑪瑙柱子一般向上而起，屬於黑白脈的靜脈之類。氣脈、血脈相合而行，與黑白脈並行向上，氣血這脈紅色屬於動脈之類。

　　一切脈只此三種，此三類脈也是生命之脈，脈的數目，

共七萬二千條，共中白色水脈為二萬四千條，黑血脈的靜脈為二萬四千條，紅血脈的動脈為二萬四千條。

脈最初在母腹中形成，中間又形成和增長成未消失的中間自然的脈。脈的主幹、脈的分支和細脈互相聯繫著。因此，生命所依的脈有四種。

1.形成的脈，任何人在母腹中最初成形的時候，從胎體的中間，分成三條脈。其中一條脈上形成人腦，依靠大腦而存在，由此身體有二種自性發生的疾病，住於上部，成於上部，此病因是水土的自性，自上部向下墜落，發生腎腰腿之病。一條脈從身體的中間，象立起一個柱子一樣，一直向上，形成了黑色生命脈血脈的靜脈，由血和膽的熱氣為因形成的憤怒，是依生命脈的血而存在，從此發生膽熱自性，依此因果，憤怒住於中間。火雖存在於下部，但向上燃燒，此乃自然規律以故，膽熱盛時，以頭部與主的部位發生痛感。

一條脈向下行，形成男女的密處。由此發生冷熱二者的自性氣，由此因果及其所依，住於下部，氣雖在下部，但卻遍於全身，行於全身，因此引出一切病痛。

2.生命的脈有三，續部說此三者是中脈、左脈、右脈。在藏醫書上說生命白脈、生命黑脈、生命紅脈為三脈，實際上中脈、左脈、右脈與人體的生命脈，無有分別住幹一處。

3.智慧之脈是一切脈的中脈，是一切脈的生命脈。羅睺脈是生命依處，故稱為生命脈。一切氣脈是不息之氣，

工作氣是一切氣的根本，是大生命之氣。此二者如水乳交融，也是持生命的一份，因此稱之為生命脈。

4.人的大脈有四：第一條脈是對根境顯現出的根脈，就是眼等五根，眼能見色，耳能聽聲，鼻能嗅氣，舌能辨味，身能觸境，發生這些動作的主脈，是存在於大腦之中，象一個君王一樣。還有與自己與種族與工作相似的細脈，最大的細脈有三十二條；從細脈又分出更細的脈，具有小的力量和作用，這樣的脈共有五百條，圍繞著細脈與主要的動作相配合，由五根起感觸五塵的作用。對外境能起明察秋毫的有益的助伴作用。

第二條脈，是使回憶根起更明瞭作用的脈。回憶根或意根，是依這個根能明瞭六識的主脈。在心窩裡存在所謂善意的脈，有起供回憶明瞭作用的脈猶如君王一樣，與種類、作用自相配合的細脈，大一點的有八條，從此八條脈中分出五百條細脈環繞著，能使回憶根起明瞭外境的作用。

第三條脈，是形成人身五蘊的脈，最初形成身體五蘊的脈，身體生成完成，依止臍輪完成形成發展的活動是脈王。脈王與自己、各族的作用相配合的大的細脈有六十四條，從這些脈又細分為五百條圍繞，共同相交相配而發生作用。

第四條脈，是各族不斷並增益的脈，依止形相常時作各族不斷的工作，此脈上最大的細脈有三十二條，由此又分出細脈五百條互相環繞，是主脈與作用相配而進行活動。

以上各脈輪的中心與支分細脈，與更細的細脈在身體

內外上下直接互相聯繫，佈滿全身為脈的網路。這些脈絡在全身活動著，內中有元氣與其餘氣行走的絡路，依於此，身體得以生存。這些脈也是生命的脈，一個人生存或不生存，都以這些脈活動與不活動相關。

依止於這些脈的氣，形成最初時候的金剛身，伸到紅日中間的阿賴耶識（第八識），並依止於此。

從此發生有行動的意的活動，大生命的氣形成有情有意識與暖要之生命，在這裡分出了智慧氣與事業氣兩類。

智慧氣又分為兩份，一份在生命的中脈裡，作保持生命的工作，一份與事業氣共同聯合，時常在鼻孔中出入，人的身語意三者的活動，完全以氣的鼓動為先行。如是從大生命的氣而生出的支分氣，行走在如上所說的脈輪之中，因而遍於全身，而產生成、住、壞、滅的一切活動，因此，欲得到自由活動時，首先要從鼻孔出氣、入氣、住氣，要鍛練這個出、入、住、氣，以後再次第依於持氣的口，持、住根本的氣，即持、住五大之氣（即上行氣、下行氣、遍行氣、平住氣和命根氣）。其中命根氣尤為重要，有持續壽命之功能，命根氣斷，人就死了。所以，中脈即命根，命根即中脈。

要控制獅子解脫的支分氣，對於氣，要得自在，如是得到堪住、驅使脈氣的功力，並鍛練諸氣進入要穴，制服不淨之氣，使脈直通無阻，氣也直通無阻，脈氣能作身體形成機體的動力，依此機體，人的身體可不生病，而且可預防疾病，若是生了病，也能從鼻孔和細的脈絡汗毛小孔

中驅逐出去，把病治好，依靠這個力量，身體堅強健康，滿面光澤，如塗油脂，身體輕盈，腳力快速，身體病痛全清，無病健康，而且智慧增長，心懷坦蕩，舒適快樂，能增長壽命。特別是生命的氣，有不外泄、在體內長時保持的方法。依於此法，能生出保持長壽的能力。

長壽詩曰：

俱生命根脈與氣，用殊勝法來控制，

無病長壽樂而康，能獲勝果得圓滿。

# 我見證到的宇宙
# 明點——脫嘎

華東石油大學副教授　張丹青

藏傳佛教寧瑪派（紅教）把整個佛教的顯密教法總判為九乘。這九乘佛法似一個階梯，一乘比一乘高超，因此紅教把九乘佛法稱為九乘次第。九乘之中顯教屬前三乘（聲聞、緣覺和菩薩），後六乘皆屬密教。密教六乘又分為內密三乘（作密、行密和瑜伽密），秘密三乘（麻哈瑜伽、阿努瑜伽和阿底瑜伽）。

阿底瑜伽又稱大圓滿，它又分為無上部、無上總持部（共十八部總持），總持之總持部（又叫秘密心中心）。其中總持之總持部即人們通常說的大圓滿精要（或稱大圓滿心髓）。其正行分徹卻脫嘎二部。

在九乘次第中，大圓滿精要之徹卻與脫嘎高居九乘之首，而徹卻與脫嘎相較，脫嘎更勝於徹卻，因此，可以講脫嘎為「九乘佛法巔中之巔」。蓮花生大師稱之為「空前未有最勝法」，貢嘎上師稱讚它是最高超、最速成、最圓滿的法門。

為什麼脫嘎會享有如此高的榮譽呢？從修持過程來講；此法能快速顯發行者自身本居的智慧光明，並能用我們的

眼睛現量親證到由於自身智慧光明的開發而顯現出來的五彩繽紛的宇宙明點。這是其他密法所不具的功能，因其他密法依意識審度、觀想而修行，不能用眼根現見親證自性智慧光明。從成就果位上看來，若脫嘎修習圓滿，即當自身智慧光明與宇宙智慧能場的不斷交融達圓滿境地時，即身可證光蘊身，可自由趣入各個不同世界，或臨終虹化。這是其他密法所不能期及的成就。

脫嘎修法如此殊勝、高超，或許有心人會心存疑慮，它是不是我們常人能期及的呢？為消除這種疑慮，增強信心，我把自己觀脫嘎的一段經歷寫下來。一方面說明脫嘎並不是高不可攀的，另一方面也以此證明大圓滿法是真實不虛的。

我九〇年九月有幸跟恩師劉兆麒上師學習藏密，第一次聽到了大圓滿精要之徹卻與脫嘎的修持方法及殊勝成就，心中產生無限的喜悅與嚮往。當時我在心裡將塵世間的一切煩惱統統放下，一心按上師的教導去修習，並虔誠地接受了上師的灌頂。

灌頂後第二天傍晚，太陽剛下山，餘輝還掛在天際。我無意仰望天空，（因當時我不相信會如此快地見到脫嘎）「噫！怎麼會有這麼多的小飛蟲，滿天都是。」我對身邊的一學員說，「沒有啊」他應道。於是我便凝神仔細看天空「確不是飛蟲」，這時我心裡忽地閃出一個念頭「脫嘎」。使我欣喜狂歡，因宇宙明點——脫嘎，竟如此快地不期自至，自然顯於眼前矣！

第一次見到的脫嘎，單個明點大小如小米粒，亮度較暗。金剛鏈（當時不知叫金剛鏈）大小如豆，上下左右飛行自如，不有意控，飛行姿態有點象蜻蜓。

　　在離開上師以前的幾天裡，明點已漸漸變大變亮，金剛鏈已如一分硬幣大小，狀如豆芽，不封閉。

　　同年十月下旬，我又有緣親近上師——劉兆麒，與上師同住一室近半月。由於上師慈悲加持，我眼前的明點更加豐富多彩了，有的如項鍊貫穿，有的連成網狀。白天陽光下，空中到處是明點空光，景象絢麗多彩。晚上，月光中、燈光下觀明點與白天又有些不同，有人形容為「江夏水燈明」。此言並不虛也。若是晚上有大霧或天空飄著濛濛細雨的話，會更有一番美景在眼前。以後我才悟到，水在這裡起了一種聚焦作用，才使脫嘎更令人心醉。

　　時光荏苒，眼前的明點空光也漸漸穩定下來，身體更加健康，心境更趨清淨明朗。一些「特異功能」也隨著自身智慧光明的顯現而漸具，這裡就不一一細講了。

　　五年過去了，雖然自己的修證還十分膚淺，但通過自身的實踐證明，大圓滿精要之徹卻與脫嘎確是真實不虛的。望海內外藏密愛好者一起來學習它並宏揚它，讓大圓滿這一藏密奇葩開遍全世界，造福全人類！

# 藏密頗哇法親歷記

天津師範大學教授　馬瑞莊

　　今年 5 月，我接到了劉兆麒上師寄來的通知，說要請一位藏地活佛傳授頗哇法，主要是打通中脈、開頂。我查了五六本書，上面有關頗哇法的介紹基本一樣，都認為該法適合老年人，而青年人修學此法，開頂過早容易走失靈氣，減損壽命。我年輕，處在腦力勞動高峰期，不但不想因走失靈氣而減損壽命，而且想活得長一點。以後，我在邱陵先生的《藏密六成就法》一書中，查到了這樣一種說法：修頗哇法開頂後，可以再接修長壽佛法。這樣會相得益彰，不會減損壽命。

　　不過，我一向注重親身體驗，不局限於書本上的現成說法，我在 8 月參加了法會，根據觀察發現，參加者絕大多數是為了打通中脈，開頂而來修頗哇法的；小部份人心中膽怯不安。我與這兩部分人不同，只是為了體驗一下，因為我相信自己的脈道、頂上早已打開了，是憑自己實修而打開的。

　　其實象我這種人很多，只是有些人悟性太差，比如劉兆麒上師在天津時，一位老學員向他述說頭頂上種種難以

忍受的感覺，因此不敢再修了。劉上師對我說:「你看他是怎麼回事」? 我說:「他正在開頂，並且頂上已經有了一束光。」劉上師笑著說:「是這樣。」可是我後來碰見這位老學員，他還是不敢再修了。這次天津鼓風機廠的工程師葉志偉先生問我:「開頂會有什麼樣的感覺? 」我說:「象你這種情況，大概不會有什麼感覺。因為你的頂已經開了。」他接著和我講了他頭頂曾經有過種種感覺，一直修持不止，頭上冒過黃水，並凝結成了硬塊。結果，這次頗哇法開頂，他果然沒有什麼異樣的感覺。我修持有過艱難的時候，但在開頂上算是順利，一開始修，頭上便有感覺，由於每天練習不止，便在不知不覺中過來了，也不記得頭上冒過黃水等，但覺得身上有好幾個地方也似開了頂。

我認為，因修頗哇法走失靈氣、減損壽命的說法，有些偏頗。因為不修頗哇法，也能開頂; 開了頂，並不一定就走失靈氣、減損壽命。如果說年青人修持得法、持之以恆，肯定能以自己的能量，把頂打開。

這次頗哇學習班的主持人是享譽佛教界的劉兆麒、劉兆麟二位老師。他們歷盡千辛萬苦請到了青海海南州紅教最新伏藏派的華青多傑活佛。

最新伏藏派，我還沒有見過介紹它的文獻。門吉日活佛說，最新伏藏派現在有四座寺廟，他是第三代活佛，也是最新伏藏派中最大的活佛。第一代大活佛叫德欽徹通鄧君多傑，是享譽一方的大法王，他的吽位元元元弟子全部虹化了。有了這樣一位大法王，便可以稱派立宗了。門吉

日活佛的母親是在 11 年前虹化的。門吉日活佛 7 歲時，便被一位大活佛認定為是另一活佛的轉世靈童。9 歲時坐床，又有數位大活佛，確認他是第三代活佛。華青多傑活佛是在 9 歲時被一位大活佛認定他是一位活了 318 歲活佛的轉世靈童。這位活了 318 歲的活佛名叫傑龍德東旺遮多傑。能有這樣兩位資深活佛傳授頗哇法，自然覺得非常幸運。

參加者中，我認識了其中一位原一直在部隊研究所當書記的老幹部，他是堅定的馬克思主義者，徹底的唯物主義者。在眾多大法中，他選擇了藏密這種難入門的大法，並表示絕不會改換門庭去修別的。而且他經這次活佛開頂後，自我感覺非常好，表示絕不錯過下次機會，我覺得他比我積極熱情。

修頗哇法，首先讓大家念誦頗哇法咒。這是最重要的功課。每天早晨 6 點，大家便聚在一起念咒。此咒可念，亦可唱，還有兩段頌歌，主要是唱的。大家用功很勤，因為有誰最後不能開頂，臉面上並不太好看的緣故吧。

門吉日活佛帶領大家開頂前，首先開示說，大家是為了學習而來的，最新伏藏派修的法中有氣。藏密講究氣、脈、明點。而活佛認為作一名正信的弟子很重要。要修習佛法有成就，最關鍵的是實修。這樣在渡自己的同時，還能渡別人。

在進行一般性的開示後，活佛開始詳盡地講了頗哇法的修習。他說：這次頗哇法開頂是初級的頗哇法。初級頗哇法共分三個層次，這次只修第一個層次，初級頗哇法之

藏密頗哇法親歷記

後，還有法身頗哇法和報身頗哇法。活佛接著講了修頗哇法的觀想方法，要睜著眼觀想以防止神識錯亂。觀想壇城的五彩光明圍繞著自己，自身是坐在日月輪金剛座上，在觀想自己的身體時，不要觀想自己的肉身，因為肉身是由各種不乾淨的東西構成的假身，它太沉重；應當觀想自己的金剛身，它的形象是一個金剛瑜伽母，一頭兩臂三目，全身紅色，放射出紅寶石的無量光明。右手高揚雪亮耀目的金剛彎刀在頭上，表示要斬斷一切妄念。左手曲臂平胸，手持人腦天靈蓋，內盛甘露，表現出無限的滿足安樂的樣子。她是一位裸身唵歲少女，腰披虎皮裙。為什麼她不穿衣服呢？意思 是讓人破除一切有相的執見。左臂彎裡夾著一根天杖，意思是讓人徹底斷除貪、瞋、癡三毒。她的姿態像是在舞蹈，右小腿向上翹，足心上仰；左腿直立。渾身像是一個紅色透明發光的空囊，通明透亮，內無一物，像是由極薄的紅色絲絹作成的發光體。

當活佛講完後，便把紅色金剛瑜伽母的形象下示於人，以便修持觀想。由於是一排排地輪看，周而復始，大家看到的機會也不只一次。

接著活佛講了中脈及其觀想事宜；中脈象一條馬尾巴的毛一樣的粗細，中脈的顏色有三層，最外邊一層是白色的，中間一層是紅色的，最裡面一層是藍色的，中脈貫穿於人體五輪的中央，這五輪是海底輪，臍輪、胸輪、喉輪、頂輪。每個輪的中央核心部分是中脈明點。因此，中脈明點便有5個。明點的核心是一尊佛。人體的自性明點是在

臍輪中央，其核心就是上述紅色的金剛瑜伽母。佛教所說的第八識阿賴耶識便藏在自性明點之中，觀想時，由中脈的自性明點觀起，觀想人體中脈就像是支撐房屋的柱子，但是這支柱子內中是空的，內藏5個明點，然後將臍輪的自性明點放大，這時紅色金剛瑜伽母的形象也隨之放大，最後把她放大到自身相等。自己便成了紅色金剛瑜伽母。所以，不是觀想自己的肉身，而是忘掉這個太骯髒、太沉重的肉身，把自己變成一個空性、光明態的紅色瑜伽母的形象，即是一個紅色透明的發光體，空無一物。這也便是觀想法界體性的空性。

由此可見，藏密修法的一般特點：它把神秘玄虛、令人費解的佛教哲學，化為生動具體的形象。這種修持方法，讓人透過具體形象，體悟法界體性的空性，進而領悟高深的佛教哲學。

門吉日活佛強調對傳法上師的觀想，強調對頂輪的觀想。他認為觀想在藏密修持中的作用很大。由是可見，藏密的另一個特點：講究與上師相應，與上師相應便把上師的加持力量更好地體現出來了。

德行修養是所有宗教都非常注重的，不過藏密把這種修養與個人能否成就聯繫起來了。門吉日活佛開示說：普渡六道眾生都要具有慈悲無量心，才能夠成就自己。

活佛開示說：人體是四大和合而成，而四大皆空。人由於受到貪、瞋、癡三毒的污染才使中脈氣不得貫通。因此要打通中脈，首先要破除三毒，發無上菩提心，這樣才

會真正打通中脈，並把中脈氣提到頂上，使脈輪中明點內的金剛瑜伽母沖頂而出。沖出明點時還要注意把明點收回。

上師的開示很精彩，內容不用再述，我修學藏密數年，翻閱過各種書籍，聽數位上師開示，但這次活佛講中脈、明點、觀想，仍覺得很新鮮，有許多是我根本沒有聽到過的內容。大家都被深深地吸引住了。

活佛的教學方法很靈活，不時地把一張又一張的圖片，讓大家傳看，人體的5個明點中便有佛5位，我記得其中一張是中脈與自性明點的橫切面的圖像，其結構像是一個旋轉的渦輪，這渦輪的中心部分是明點，明點中心是金剛瑜伽母，講完之後，他還請大家提問題。

活佛最後強調：修頗哇開頂後，一定要修長壽佛咒，並且把最新伏藏派的長壽佛咒讀給大家聽。這個長壽佛咒的發音與一般所見並不完全相同，有最新伏藏派的獨到之處。關於修長壽佛的作用，活佛開示說：修此咒會讓長壽佛住於頂上。一般只需念長壽佛咒，便能延長壽命3年以上，活佛還說，修頗哇法後要給大家行長壽佛灌頂。此言一出，大家鼓掌歡迎。

接著門吉日活佛、華青活佛帶領大家修頗哇法。大家首先坐好，如法觀想。然後帶領大家反復誦念頗哇咒。誦念時，活佛手持鈴杵，大家隨銅鈴的節奏反復吟唱，偶爾會停下來，此時，活佛全神貫注，首先將目光回收，眼睛上視頭頂，然後將丹田氣、中脈氣隨同一聲「嘿」，沖出頭頂，大家也隨著這麼做。如此連續幾次之後，最後活佛

喊一聲「哈」或「嘿」。然後大家又齊聲誦唱頗哇咒，上述三個象聲詞，都不太準確，只是相近之音。因為隨聲運氣，所以運氣正確與否是關鍵。有人不注意方法，只是高聲喊叫，甚至嗓子都喊啞了，其實並不得法。關鍵是調氣，聲隨氣出，並有一定的震動作用。另一要點是不知與佛相應。因為是活佛帶功，與之相應，才會取得最佳效果。我體會到，與活佛相應得當，根本用不著自己花多大的力量，便會順利開頂。

活佛把頗哇法的修持組織的十分生動活潑，場上時而有節奏地吟唱頗哇咒，時而把兩段頌歌交替地唱起來。其間不時地響起沖頂的呼喊，此起彼伏，熱鬧而有序。悅耳的銅鈴聲和著悠揚而平和的旋律，使人身心愉快，心曠神怡，充滿了輕鬆活潑的氣氛，沒有任何令人緊張的感覺。

據活佛說，修頗哇法在藏地要連續進行一個月。我們僅進行了幾天，算是速成吧。學員中有不少老人、病人，文化程度參差不齊，想活佛一定花費了更多的加持力。不過看起來活佛輕鬆愉快，心情很好，面帶笑容。到帶領大家沖頂時非常認真。凝神、斂氣、上觀，氣隨聲出，向上沖頂。

修頗哇法，要數次從苯巴壺中倒出液體往學員頂上澆灌，然後由華青多傑活佛依次往學員的頂上塗抹一點紅色的、象一種藥膏類的東西。花青活佛以手指沾上一點，依次為大家往頂上點，其作用說不太清楚，據說是用佛的舍利子及虹化後剩下的指甲、頭髮等配製而成的。從配合傳

法的幾位活佛、喇嘛的行動上看，這東西確實很寶貴。當活佛把這紅色的東西抹在他們頂上時，每個人手抹一點放在口中咽下。可見，就是他們幾位，這東西可能也不會輕易地得到，所以異常珍惜。

我記得華青多傑活佛為我在頭上粘了玉米粒大小的一塊，並凝結在頭頂上，過了挺長時間，仍粘在那裡。由於不懂，所以未能品嘗到它的滋味。不過，還有比我更加糊塗的人，以為那是腐蝕頭頂的藥品，懷疑不是氣衝開頭頂，而是用藥把薄薄的頭頂骨腐蝕了，並且說塗抹的位置不是在梵穴上。我親耳聽見這種說法後，不由地一愣。後來證明，這種說法是沒有道理的。第一，經過我親眼見到幾位配合活佛傳法的人往嘴吃，如果真的是把頭骨都能腐蝕壞的藥品，吃下去肯定是受不了。第二，這種東西往頂上抹了不止一次，而每次並不是抹在同一地方，大概沒必要把頭頂「腐蝕」那麼多地方吧？第三，開頂後，要插吉祥草，一般並未插在那些抹過「藥」的地方，可見開頂並不是「腐蝕」的結果。

活佛說，這是給大家種上種子，也就是一種加持的形式，通過這種資訊的加持，使大家獲得一種特殊的能量。當時，並沒有什麼特殊的感覺，事後，哪些塗抹過的地方還是變得比較敏感了，其原因很難說得清。總之，肯定是有好處的。

頗哇法最重要的儀式是插吉祥草，吉祥草一種野草，上面長著個穗頭，其莖約與常見的細鐵絲精細相當，有些

要粗一些，直徑要粗一倍。凡是開了頂的就一定能插上吉祥草；不能插上吉祥草，就說明沒有開頂。當然，要是插上了粗一些的，也說明頂開得比較好。有這一點，書本上少有詳細記錄，我也是第一次經歷。

一般人是很注重插草的。我問過幾個人，覺得插完草之後，還是和以前有所不同，一般是覺得很好，有一種輕鬆通透的感覺，修持效應更好了。我覺得無所謂，它不過是一種形式，我知道「氣」的穿透力很強，比骨頭更厚更硬的東西都擋不住它。插草時，大家要在門外排隊等候，分批進入大廳插草。我和幾位趁機前去吃飯，吃完飯後，我還是不太想參加，但覺得該向劉兆麒老師打個招呼，正好碰到武漢的一位退休幹部、襄樊的一對夫婦，也因膽怯而不想參加。因為，畢竟是要把草莖插骨縫之中，而劉老師胸有成竹，以老師的身份，請他們去參加。我們條件可能比他們好些，見此情景也就前去插草了。

我進去時，活佛仍在不停地念咒加持。

已經有幾位跪在那裡等候。我見劉兆麒老師在那裡，便請他為我插上吉祥草，因為他是我的第一位傳法灌頂上師。劉老師對我這位弟子也很有信心，選了一根吉祥草，用手指摸了摸頂上正中的部位，選好了位置，便開始往頭上插，當草莖穿過頭皮時，略有痛感，但很順利地插上了。劉老師高興地拍了拍我的雙肩。我站起來向門吉日活佛行禮，他滿面笑容，一次又一次地把米撒在我的頭上、身上，以示祝福。

插完草之後，意味著初級頗哇法的第一個層次告成，大家相互熱烈祝賀。一位北京的老師對我說，他今天很激動，很高興，因為他一直想找個好老師好好地修持，今天這個願望終於實現了。另一位黃先生沒有拜過任何師父，自修自練，有許多體會。插草之後，他說有一種通透感。他後來告訴我，插草後修持效應增強了很多。

這次插吉祥草的儀式進行得很順利，也很快，全部學員都插上了吉祥草。連那幾位膽怯者，也都插上了吉祥草。

因此，個個心花怒放。插草法的另一層原因，就是一旦插不上，便會在眾人面前丟臉。據說，有人插草後，可能會出現流黃水等現象，但一般會不治而愈。大約過了兩個多小時，我便自己把那根吉祥草撥了下來，因是頭上長草後，由於不太習慣，會有東西來回地碰這根草。儘管多次地碰在各種衣物上，它還是直立在我頭頂，可見插得很結實。一般要等四個多小時再撥下來，我把這根吉祥草小心翼翼地夾在了活佛的傳法證書裡。這畢竟是個有意義的經歷。（傳法證書上，有我的藏文名字，由鄔金門吉日多傑活佛親筆書寫，上面還有他和華青多傑活佛親筆簽名的指印）。

插草之後的幾天，天津微型汽車廠的米師傅說，他覺得有些困倦。我認為這種反應，是開頂插草後，人體變得更加開放了，能量上有點欠缺，因而產生困倦感，應通過休息後，進行修持，補充能量。我建議他暫停修頗哇法，而多修長壽佛咒，待能量補充後，很快便會達到一個新層次，事實如此。

隆欽大圓滿心髓集要

我認為，在最佳的時候修頗哇咒，會收到最佳的效果，這個最佳時機是能量積累到即將把頂衝開，自己又未足以把頂衝開的時候。這時，如果不及時修頗哇法，憑藉自己的能量開頂，可能會經歷很長的時間，經歷很痛苦的過程，會遇上各種各樣的問題。其實，只要抓緊修持，一切都會平安度過，並迅速達到一個新層次。但是，許多人悟性不高，不知所措，因此而停止修持，丟棄了已經小有成就的密法，這是非常可惜的。如果此時及時地修頗哇法，讓上師帶一下，立即開頂，不僅免去了上述非常痛苦的過程，而且從此功力會更快捷增長。

因此我認為，修頗哇法不象書本上說得那麼神，把它當作修持的捷徑。即便修頗哇法能快捷地增長功力，也是有條件的。不具備那些條件便不會收到快捷之效。修頗哇法也不象有些書本上講的那麼可怕，說是會使青年人走失靈氣，減損壽命等等。我認為開頂是修持達到一定層次、能量達到一定水準後所必經的一個過程，無論是修或不修頗哇法，都能開頂。說修頗哇法，會走失靈氣、減損壽命，其實是不懂熱力學第三定律。人體也是靠消耗能量來維持的，人體本身是個熱能的耗散結構。熱力學第三定律向我們表明：在能量耗散過程中，熵值增加。因此，人體必須增加負熵以維持平衡。人體的負熵越高，機能也就越好，人的靈氣，是以各種方式耗散的，比如高強度的腦力勞動，便很耗神；貪、瞋、癡三毒造業，其實就是熵值增高，消業便是商熵在作用；過多的性生活，不正常淫欲也是消耗

靈氣的方式。總之，平常人減損壽命的原因很多。否則，想長壽的人很多，能長壽的人怎麼會這麼少呢！開頂之後，人體的開放性增加了。氣這東西，是容易耗散的，無論開不開頂，氣都在不斷地耗散。開頂使人排除熵的能力增強，提高負熵的能力也增加了。當然，由於人體比以往更加開放，與外界的氣的交流更多了。即使開頂會走失靈氣，也可能在靈氣走失的同時，補充的能力也更強了，因此，還是能夠維持生命的運動過程的。所以，減損壽命的機會增加了，延長壽命的能力也更強了。人的生命系統是一個耗散結構，是一個充滿矛盾運動過程的開放系統。修持的人，很快地能夠消除熵值，並具有很高的增加負熵的能力，因此，使人的生命運動更加有序化。這正是人向生命極限挑戰的一種方式。上述那位活了318歲的活佛，肯定也是修過頗哇法的。

活佛並沒有吹噓頗哇法的神奇，同時也堅決地否定了修頗哇法減損壽命的說法。他提醒大家，要把從頂上沖出去的明點收回來。

按照藏地傳統的作法，頗哇法插吉祥草的儀式進行完畢後，全體參加者，還要重新舉行一個歡慶的大會。可惜，組織者忽略了這一點。

我這次最重要的收穫，是較好地解決了觀想問題，當把自己觀想成紅色的通體透亮的發光體時，渾身是一種發熱的感覺，這種熱不是熾熱，而是很舒服的感受，當你停止觀想後，這種熱度頓消。無論你是否感覺到了，人都是

靈性極高的動物。

　　通過修持，你會更深刻地理解熱力學第三定律。當然，你還會悟出無窮盡的更深刻的道理，更深地瞭解你自己乃至整個宇宙。奇妙的東西多著呢！而許多奇妙的東西，會變得很簡單。

藏密頗哇法親歷記

# 揭示生與死秘密的突破口
## ——藏密頗哇法

姜 琬

1. 課題的提出

與西方國家所稱生命科學（Life Science）不同，我國的「生命科學」一詞不是指現代科學中包括醫學、生物學、運動學及其它涉及生命的各學科的概括性稱謂，而似乎是特指對涉及氣功、人體特異功能和其經生命神秘現象研究的科學。但目前這個「生命科學」只能遺憾地說，還處在「前科學」的階段。在這個領域，我們很難看到用現代科學的思想方法、技術手段進行研究的成果。相反，卻滲入了太多不科學的東西，在一個科學技術基礎、全民科學教育水準相對不發達，而特異功能和其它生命神秘現象相對發達的國家，這是不足為怪的。恩格斯說過：「只有那些能用數學說明的東西，才能稱之為科學。」中國的生命科學研究應尋找一個由人類優秀思想成果凝結成的現代科學的不斷進步，一定能破譯生命神秘的現象。

2. 突破口

在中國西南部，有一片美麗的高原，她勤勞智慧的兒女為祖國幾千年文明的發展書寫過輝煌一頁，這片充滿誘

惑力的地方，就是雪域西藏，藏族人民用一千多年難以估量的代價，用無數優秀兒女生命親證，為今天、為人類保留了一把開啟生命科學寶庫的「鑰匙」——藏傳佛教密宗。

對氣功、人體特異功能的探討，都使人們產生這樣的疑問：生命究竟是什麼，生與死是怎麼一回事？如果能弄清生命的本質，很多神秘現象都能找到答案，一些有識之士已勇敢的提出：生命科學不但應研究「生前」，也應研究「死後」，要弄清生命現象的實質必須全面地研究生命過程的成、住、壞、滅。這種研究，不是法醫式的屍體解剖和生化分析，而應從嶄新的角度去研究，我們知道國內外醫學界、新聞界有很多關於瀕死的情況記錄，有些是死而復生的人對死亡感覺的描述，這些資料往往令我們反思今天我們對死亡的認識。其實在世界歷史上，許多宗教、巫術及民俗信仰都對死亡有過相當深入的探討，這些探討至少可以拓寬我們對死亡的認識，突破人死燈滅的框框，如果我們能用現代科學的手段和語言對這些成果進行再研究，再認識，就會大大縮短我們艱苦的探索路程。

佛教對於生與死的研究的深入和全面是眾所周知的，雖然目前科學界對佛學的很多觀點都持反對或懷疑的態度，但現實中與佛教有關的許多神秘現象又不得不引起科學家們深思。引起了近年來美國、法國等一些西方國家科學家的警覺。不難設想，如果在對生命本質的探索上有突破性的進展的話，人類社會生活的絕大多數領域都將開始一個新的時代，人類社會文明發展的歷程將出現前所未有的大

揭示生與死秘密的突破口——藏密頗哇法

躍進，我們對此應有清醒的認識。

神州大地上，曾孕育過人類社會最輝煌的古代文明，當這一切都成為過去後，手握神奇「鑰匙」的中國人，在新的文明發展中，是不應甘為人後的，面對博大精深的理論體系，面對不可思議的神秘現象，我們需要在「生」與「死」之間找到一個突破口，我們有理由相信，這個突破口，就是頗瓦法。

在「死」之間找到一個突破口，我們有理由相信，這個突破口，就是頗瓦法。

3.開頂的秘密

頗瓦，藏語的意思是「遷識開頂」，它是藏傳佛教各派都共有的簡便易行的解脫法，在寧瑪學派裡，屬大圓滿前行中的正行，是所謂「不修而成就」的殊勝法。

我們最近知道有氣功流派已推出自己的「開頂」法。稱能打通人體與宇宙間能量和資訊交換的通道，並列出開頂的種種標誌，對這些氣功流派，我們沒有深入的研究，不敢妄加評論。但我們起碼列舉出藏密開頂的獨特意義。

1.明確的宗教意義

佛教認為，人的肉體死亡，並不意味著精神的消滅，人的意識——生命的精神因素便離開肉體，生命轉化為另一個形態存在著。其中一種簡便的方法就是往生極樂淨土——一種生命存在的特殊時空。在那裡，壽命是無量長的，沒有痛苦，只有快樂。而且沒有退休的危險，在佛和菩薩們的「他力」的幫助下，從容地修行，證得佛果。藏

密「往生淨土」的修法，就是開頂。只要調動體內明點衝擊中脈，打開梵穴，當死亡來臨時，神識便可愉快、自控地由梵穴沖出身體，往生極樂世界。

2. 真實的生理基礎

藏密開頂，有其真實的生理基礎，開頂者自覺頭皮刺痛，百會處紅腫，塌陷，流黃水。實際上頭蓋在百會穴處已衝開個小孔。所以開頂後，可以用吉祥草或香枝插入頭頂 1—3 厘米，而且往往是自動吸入而無痛苦感覺。以後用手可能摸到一小凹陷。我的一些喇嘛朋友都保存有開頂後插入吉祥草的照片。

3. 神奇的「超度」

既然開頂可往生淨土，它也是一種超度死亡者的方法，只要人死後的神識還未墮入輪回，給其開頂，他不是也可以往生極樂世界嗎？問題是死人可以開頂嗎？怎樣開？筆者在藏區對此進行了驗證，要超度的屍體用布纏裹，僅露出頭部，放在經堂外面，然後由喇嘛和覺姆（尼姑）分別念「頗瓦」10 分鐘左右，便送去天葬台，我和我的喇嘛朋友跟了去，屍體頭皮完好。可當剝掉頭皮來看時，頭頂正中百會處赫然一個筷子般大小的孔！我的喇嘛朋友自信地說「已超度走了」，並告訴我們超度走的屍體神鷹很喜歡吃。如沒有超度走，鷹就不喜歡吃。關於這一點，是不難驗證並得出統計結果的。

我們認為，頗瓦法是藏密理論和實修緊密結合的修持法，此法修持費時短，傳承又廣泛，對修持者無特殊要求。

由於所處的次第，又是屬於可公開的修持方法，這些都給科學研究提供了有利條件。

## 四、生命揭秘

面對這一個給我們帶來希望的突破口，科學家們有很多事情要做，但最首要的，便是和宗教界相互尊重，真誠合作，我接觸過的一些佛教界人士和佛教徒，他們對佛教都有深深的信仰，但並不排斥科學，甚至相信科學最終能證實或部分證實佛法的真實性。

這就是他們和科學家們合作的基礎。

生命科學家的研究，必須有正確的方法論作指導，必須以科學的態度衝破束縛，我們思想的一切禁圇，敢於面對事實。我們也相信，生命科學的每一點進步，也一定會引起人們世界觀和方法論的進步。讓我們從現在做起。科學家們可以首先對開頂的過程進行監測和研究，頗瓦法就是在漢地也廣有傳承。修習過程是在上師的加持下，應用特殊的真言、手印和觀想，衝開梵穴。一般有基礎的佛教徒修習七天便可開頂，慢的需十或二十一天。

在充分尊重宗教習俗的基礎上，對修習開頂的人進行物理的、化學的、生理心理的監測，可以使我們深入地剖析開頂的過程和機制，我們可以充分地利用現代化的儀器設備和技術手段，進行多學科的合作研究。

和中醫學說中的經絡、穴位一樣，藏密學說中的風、脈、明點在解剖學上也找不到蹤跡，但大量事實說明，這些概念有其真實的物質基礎，在開頂的過程中，風、脈、

明點，充當了最重要的角色，從開頂角度來研究風、脈、明點，無疑可找到它們和生理基礎間最深刻的聯繫，這比孤立地研究他們更容易觸及本質。同時也提供了更多可行的方法和手段。

和已開頂的人合作研究，對於弄清生命現象的本質意義更加重大。開頂之後，修習有素的人便可使神識自由地離體、遷移、回歸。據稱，近的可離體幾米，遠的幾千公里甚至外星球，離體時間也有長有短，幾秒、幾小時到幾天，如離體後不能回來，便所謂「非時往生」，肉體便死亡了。神識的離體過程，回歸過程，離體不同時間，不同距離的肉體，離體以後的神識——靈魂，都可稱為直接的研究物件，由生到死，由死到生的全過程的各個階段，都可以以慢鏡頭真實地呈現在科學家和科學儀器面前，為我們揭示一個又一個的奧秘。

對於已開頂者的死亡過程，已死亡者遺體的開頂過程和已死亡的開頂者遺體進行科學研究，我們相信也會向揭示生命奧秘邁出有力的一步。總之，就現有的科學技術水準來說，對於生命現象的奧秘，不是無能為力，而是大有可為。

這是一項涉及社會學、人類學、宗教、醫學、生物、物理、化學、生理、心理等諸多學科的龐大的工程，這就要求必須在國家權威機構的領導下，各有關部門協作下，在保證各方面的專門人才，雄厚的資金、先進的設備等條件下，才能勝任。這將是一項揭示生命奧秘的工程，是一項能碰撞出新的文明之火的工程，我們想命名它為：生命揭秘工程。

揭示生與死秘密的突破口——藏密頗哇法

人體生物場與藏密瑜伽

原上海市佛教協會理事　鄭頌英

　　場，就是作用範圍，如電場、磁場、引力場……。生物場就是動、植物的作用範圍。在過去只意識到動、植物對固體、液體、氣體物質有吸入和排泄出去的作用範圍。雖然氣體的呼吸與周圍環境的物質交換的範圍較廣，但其空間範圍也是很有限的。近年來，科學雜誌中報導了動物體都有各色發光並刊出了用各種波段拍攝到的動物的各色發光：鼠為藍色光，虎為橙色光等。還有一篇文中刊載了人體除頸部沒有輻射波之外，其餘各部位都在輻射出各種電磁波，尤以指尖和腦部最多。顯然，人體的紅外輻射、生物電流、腦電波等，都是隨著生命活動的存在而與之共存的。其中短波輻射的場當然更廣闊，可能進入到宇宙空間。

　　我們從自然科學中，可以知道：次聲的作用很大。水母等動物能預知大風暴、地震之將至，就是它們能先收聽到了次聲。現在先進國家正在研究一種殺傷力很大的次聲武器，這種武器用一定頻率，強度的次聲能損傷人的內臟器官，可人耳卻對此一無覺知。在整個電磁波段裡，人眼只能看見可見光這一狹窄的波段，比可見光光波長的紅外

線和短、中、長電波的波段人眼就不能見了。但是，能對紅外感光貓、鼠、貓頭鷹等動物就能在黑夜中象白天一樣的飛翔、覓食、活動。比可見光波長更短的波段如紫外線、X—射線、Y—射線等人眼也完全看不見。如果用只對紅外線感光的膠片拍攝下相片，那麼看到的景物完全不同於普通膠捲拍攝的景物。同樣，如果用僅對紫外線、X—射線等感光的膠捲，其所拍攝到的又各是不相同的景象。由此可以知道我們所處的這個世界存在著許多普通人感識不到的物質，是一個多層次的世界。正如過去我們一直不曾覺察到的磁場、紫外線等物質存在一樣，從聽覺上看，人耳只能聽見聲波，而應用廣泛的超聲波、次聲波卻存而不聞。其他的嗅覺、味覺、觸覺、思維等方面都有類似的不同差異。

　　人對自然的認識是有限的，對自己本身的認識就更有限。而一位修持多年藏密大法的人，在氣功狀態下，確實感覺到了中脈的存在。他感到上自百會穴下自會陰穴有一條象管子一樣的通道，並有五個圓盤子（分別在頂、喉、心、臍、會陰）被這條管道夾在一起快速旋轉，而這條管子中又不斷地向這個圓盤的平面發射很多射線不定期種體驗從一個側面說明：人體實際上是一個複雜的生物電磁場。有人曾把脈道看成是一個生物電磁場，把中脈看成是這個生物電磁場電磁運動的軌跡。而脈輪則是圍繞中脈高速自轉的具有方向性的磁力線運動軌跡。如果這個設想成立的話，那麼，中脈就是一條有電荷運動的導線：而脈輪則是力的方向。中脈與脈輪的關係也就可能近似於電流方向與

磁力線的關係。這樣一看，人體的中心部位就是人體生物電的一種場態。也就是說這種人體生物場可能使人具備一種天生的潛能。由此，如果能以藏傳佛教密宗來發掘人體潛能，就能大大擴大和提高人的見、聞、覺知等功能的能力和範圍，大腦處於高能狀態，就能深入到全息、多層次的世界，其智慧也將大大提高。

佛教所談的「六通」（六種神通）：天眼通、天耳通、神境通（即神足通），這三種屬於能；他心通、宿命通（尤明知過去，未來久遠的事）、漏盡通，這三種屬於智。歸納起來，神通就是不外乎智和能，所謂神通也就是超過尋常的智和能。其實，各類生物間的差異之一就是各類生物處於不同的「能級」。另外，人的不同情緒——喜、怒、哀、樂等心理狀態能立即影響全身細胞內的生物化學，使其產生有益的或有害的各不相同的物質。這早在30年代後的醫學、心理學科的實驗中得到證實了，修習禪定、密法、瑜伽、氣脈起主導作用的就是定，由定發慧，而能提高能極，乃至「頓超」。實質上，這只是人不同程度地本能的顯發而已。如果發掘潛能能達到全部無餘、究竟圓滿的時候，那就處於最高最優的功能狀態，「但復本自性，更無一法新」，生物場的本質就在於此。

# 頓悟、明點與生物量子場

中科院研究生院教授　牛實為

　　實踐藏密的人出現明點、頓悟等現象，這些現象的機理是很複雜的，但它們畢竟是從人腦內產生的，這就涉及到神經生理、生物高能等學科的應用問題。

　　1.頓悟與神經生理是實踐藏密的人功夫達到高級階段，有時思路豁然開朗或內視效應出現。這些現象類似於禪宗的開悟，但這兩個宗派所談的開悟，在性質上有所不同，感受的內容也不一致。近幾年來國外有些科學家對頓悟問題感到興趣。例如諾貝爾獎金獲得者 B.Josephson 實踐有關功法，認為頓悟是意識場不受干擾，讓固有智慧閃現的結果。

　　意識活動的生理背景是：腦細胞受到有關信號的刺激，神經通蓬傳遞電位脈衝。人腦約有一千億個神經細胞，與我們銀河系星體的數目大致相等。在胚胎發育階段，腦細胞的生長率是每分鐘二十五萬個，每個腦細胞的形態不同，各含有遺傳物質與遺傳資訊，各有數千條神經通道輸入信號。當某人區位的神經細胞受到有關信號刺激時，就產生「動作電位」，沿著有關通道傳遞脈衝信號，從而產生相應

的識覺活動。

　　一般說來，識覺活動是千變萬化的，但歸納起來不外感性認識與理性認識。所以人腦的電位脈衝與傳遞信號的通道大體上有一些共同的基本模式。一人有序化的思想活動，通常要經過很多無序化的思維過程。這就耗散很多腦能量，從而影響人體內的各種結構與功能。腦能量包括兩個方面：從宏觀來看是可測的腦電能。它是腦細胞膜內外的鉀鈉離子穿過細胞膜而產生的；從微觀來看是「生物量子場」，它可能是由腦細胞核內的有關粒子產生的。

　　頓悟時的資訊可能不是靠神經通道裡的腦電波傳遞的，或許是靠上述量子場的振盪波傳遞的。當藏密內功很深時，神經系統處於最小激發態，意識場好象一個真空。現代物理學家指出：真空並非一無所有，其中潛在有激化效應。由此可以設想當意識場不受干擾時，繼續在藏密內功的作用下，腦細胞核裡的有關粒子可能被激發而產生量子波，傳遞固有智慧派生的資訊。這也許是頓悟的機理，當然這只不過是一種比擬方法。人人本來具有潛在智慧，從物理機制來說，智慧也得有物質基礎。這種物質雖不清楚，看來是世世代代隨精卵細胞相繼遺傳的產物。

　　顯然，藏密頓悟之功不是冥思苦想，著意追求，而是萬緣歇盡，到時自發的結果，它的資訊之源，不是外界流轉的各種信號，而是潛在的固有智慧。西方神經生理學家研究思維活動，沿著神經電位脈衝的方向前進，已有很長的時間，但人腦到底為什麼會思維？這一根本問題，遠遠

尚未解決，至頓悟的研究，更提不到日程上來。有藏密內功作為實踐基礎，可能得到一個探討這些問題的新的途徑。

2.明點與生物高能是神經系統及傳遞信號的神經通道，是利用解剖及腦電波測量技術找到的。在神經系統附近有經絡系統，其中有「生機能」傳感，是通過氣功內視及釘灸證實的。在經絡的任督二脈之間，從心臟梵穴到腦頂梵穴有一條垂直的中脈，其中有明點運行，是實踐藏密內功感受的中樞。這三個系統具有不同的結構與功能，從宏觀到微觀控制了人的生命，因此它們與意識場是密切相關的。

根據 I. Prigoginc 的耗散結構理論可知：任何生命系統都有「能量流」通過，起到必要的作用，最後達到穩定狀態，具有適應環境的新結構。神經通道傳遞感覺與意識信號所用的能量流是腦電能。經絡系統裡的能量流可能與細胞膜近旁的「離子」及細胞核內的高能物質有關，通常給它一個代號，稱為「生機能」，它的化學成份及物理機制尚不清楚，中脈裡運行的明點是一種未知的生理能量，可能與腦細胞核內的高能物質有關，這種能源不僅是明點的光能之源，而且是明點智能之源。智慧與光能統一在明點之內，可能是人類生命的高級形態。

就一個人的生命來說，明點的來源可能與遺傳有關。當精卵細胞會合時，潛藏在它倆內部的上述統一體又互相結合形成一個新明點，代表一個新生命。明點可以看成是「生物光量子場」的能源，它誕生後，隨著神經板、神經管

與胚胎的相繼發育，運行於心腦之間，在神經管形成的過程中，六個識覺區也相繼形成。它們可能與明點有內在聯繫，因為人體內的各種結構與功能是密切相關的。從而可以推想，明點可能控制六個識覺區的一切活動。著名神經生理學家 F. H. C. Crick 認為：像大腦這樣複雜而靈敏的系統，必然存在一個全面控制中心。看來他所想的，涉及到藏密內功的問題。

3.藏密內功與量子控制論，上面按照現代科學理論，推斷了頓悟與明點存在的真實性，並指出二者的機理可能與「生物量子場論」有關。這只不過是問題的一個方面，藏密內功之所以殊勝，主要原因是在自我控制身、口、意三業的基礎上，得到「宇宙生態物」的支持。這一情況的客觀性可以借用「量子控制論」來比擬，直接從科學上來證明是很困難的。量子控制論是近幾年誕生的一門邊緣學科，它從微觀角度研究系統在外界能量的控制下，其狀態所發生的變化，系統承受外界能級的高低與它本身的基礎有關。基礎能級達到一定程度時，如果繼續加強，則所承受的外界能級就更高。

事實證明：宇宙中有無窮無盡的「生態量子場」，各以一定的頻率永遠不停地在波動而輻射能量。任何人要想得到藏密內功的殊勝成就，都可以從宇宙中取得有關能量的支持。人體本來是一個開放的熱力學系統，必須從外界吸取能量與資訊，由於平時控制失當，在身口意三業的影響下，神經系統經常被激發而耗費能量，以致明點的光能受

到干擾、耗散而不明。反之，若能實踐藏密內功，控制身口意三業，讓神經系統處於最小激發態，以致耗能量減小，代謝率降低。在此情況下，明點不受干擾而復明，形成一個生物光量子場，運行於中脈之間，這就為藏密內功的殊勝成就打下基礎。

　　為了得到宇宙生態量子場的支持，除了內功之外，還必須讓身口間對社會作有益的外功，因為內功是取得外界能量支持的必要條件，外功是其充分條件。當內外功耦合，達到更高的能級時，明點更明，以一定的頻率而波動。如果明點的波動頻率與宇宙生態量子場的輻射能就自然地通過梵穴進入中脈，疊加在明點的光能之上而共振，從而取得藏密的殊勝成就，雖然這種設想目前無法從科學上驗證，但在一定程度上說明問題存在的可能性，人體吸收外界能量，並非都是通過口鼻；對一出生態量子場輻射的有關能量，腦頂梵穴是一個重要的管道。

頓悟、明點與生物量子場

　　反之，如果梵穴不開，中脈不通，明點不明，儘管宇宙生態量子場時時處處都在輻射能量，人體卻無法吸收，這是自己生命中最大的損失。此外，藏密雖然殊勝，成效迅速，但必須信堅，原切，行深，使內外功的基礎深厚，方能有所成就，不然只求法，不打基礎，希望速成，則不可能，甚至發生問題。這種情況類似於宇航員乘坐火箭，飛登月球。如果自己的生理機能不適應火箭高能所產生的高速飛行，就會發生危險。所以內外功逐步修持而達到一定能級，是學習藏密取得成就的必要基礎。

雖然藏密內功的實際效應不是目前科學儀器所能檢測的，但為了發掘與研究這些問題，應該在前緣科學昇華的基礎上，提出一些設想，進行於理論方面的探索。這些設想拋開了目前神經生理學的方法，也不走腦電場與腦磁場的道路。但考慮到明點與頓悟等效應又不能離開大腦而產生，故從微觀角度探索了腦細胞核內的生物性質的能源。這種能源與精卵細胞有關，它蘊含了激發光能與智能的遺傳物質。至於這種遺傳物質是什麼，當然是一個極其複雜的問題，需要從各方面進行綜合的研究。

# 徹卻、脫嘎與明點

劉兆麒

　　修藏密「大圓滿」法。分徹卻、脫嘎兩步，徹卻為「立斷」，相當於最上定，屬修定。脫嘎為「頓超」，相當於無上慧，屬修光，看脫嘎之光時，要有徹卻定的基礎，才能在定中得見微觀世界，即可以看到宇宙間各種不同的「明點」。

　　徹卻屬於「東巴」，意即空性，脫嘎屬於「囊瓦」，意即明點。「東巴」代表月亮，「囊瓦」代表太陽。而「明點」則存在於宇宙空間，可在陽光下見到。「明點」有固定不動的，有大圓圈內有小圓圈的，有形狀如車輪的、有形狀如項鍊的，也有上下左右移動的。這些行走著的明點如鳥在空中翱翔。最初看時很微小，捉摸不定，待定功漸深時則明點漸漸放大，其中有的明點如彩虹，顏色排列順序有一定格式。明點的中間有一個大明點，以白色居多，紅、黃、藍色較少，而以綠色最少，明點的亮度一般如電燈的光亮，有的則是金光燦爛。甲色仁波切（即甲色上師）曾以現代科學的研究工具——三棱鏡教弟子看宇宙間的光色，顯示了觀明點的科學性、真實性。根遣上師的觀看關於原子彈

科教影片時，從銀幕上看到原子彈爆炸後的光色，與他觀脫噶時所看到的「明點」非常相同，這說明「明點」並非一種憑空幻想，而是通過觀察可看到的真實存在的物質。

宏觀宇宙有明點存在，謂之為外明點；然而「明點」不獨空中有，人身上亦有。微觀人體這個宇宙也有「明點」存在，謂之內明點，朱余福副教授在練大圓滿法的徹卻與脫噶時，有很深的感覺。「初定」中的內景感受是：自覺身神逐漸入定，體內億萬個各類細胞，象有無數小磁鐵，一一納入有序化，此時周身氣血也漸漸納入有序化。這種由靜到定的快慢、深淺，由各人功力而定，其廣度和深度也隨之變化，全身似被一層煙霧籠罩著，並有濃度、密度和層厚感。有時就象身處水中，時沉時浮。那層附於四周的絨膜，有彈性，並能隨著意念而收、散。有時積聚成點，「我」感消失，只有思維存在，並凝結在小點之上，軀體已不存在，唯有小點（即內明點）隨中脈可升可降。有幾次他試著將小點從臍輪經中脈從頭頂沖出，去與空中外明點相接，但均未接上，就被收回。沖出時可聽到頭骨運動之響聲，有幾次感到頭頂頭髮直立微動……後頭頂不適，似有一頂鐵帽扣在頭上，如果方法運用得當，隨功力日益加深，內「明點」會沖出人體與宇宙外「明點」相接。

那麼，自身內「明點」與宇宙外「明點」相接，會有什麼作用呢？運用現代系統科學的觀點來看，人是一個巨系統，處於整個宇宙之中，這樣的一個巨系統又和周圍的宇宙彼此相通，而修脫嘎、觀明點的小功效就是可以利用

宇宙能量袪病延年。朱余富副教授曾患有頸椎骨質增生、慢性鼻竇炎、雙肺擴張、間質性病變，及多發膽結石等諸種疾病，影響學習和工作，修持以來，經醫院檢查，基本痊癒，現在精力充沛、氣力倍增。

　　讓宇宙「明點」隨意念進入自身，或者讓自身「明點」進入宇宙。這是藏密大法的一個更高的層次，不少前人和現代藏密上師，都做了有益的探索。出現了很多奇觀，內外「明點」怎樣才能相接呢？人體中位於中脈中的主明點，就是人體生命資訊的控制球。人通過體內這一控制機構。可以向宇宙發射能量，也可以從宇宙場中吸收能量，實現內外「明點」相接。

　　原子或粒子裂變可以產生巨大能量。當然，這種裂變是要有高溫高壓等一系列外部條件的。但是，近年來，通過各種科學試驗，證明奇特的「天人效應」和發放資訊，也可產生出乎預料的高溫高壓作用，並且可以憑意念向遙遠的地方發射控制資訊，依此類推，修持藏密大圓滿也能控制人身內「明點」同宇宙外「明點」交換和充實能量，由此二者在體內產生光電、光熱效應，特別是產生生理、生化效應。這種大自然的「能源」，可謂取之不盡，用之不竭。而且，它對地球上的人類都是「一視同仁」的。要想使自身具備這種內外「明點」「接合」的條件，就要好好修持前人為後世留下的瑰寶——藏密大圓滿。

徹卻、脫噶與明點

# 密宗論「脈道」

原中國佛教協會副會長　巨贊

　　後期密宗很重視身體的鍛煉，在《無上瑜伽部》裡論述了氣、脈、明點的修法，並總結出氣息出入的三通道——三脈道，脈道是修氣與明點的基地。

　　印度佛教密宗傳入中國後，各朝代佛經都有對脈道的論述。

　　宋真宗時法護所譯的《大悲空智金剛大教王儀軌經》卷一中提出了四輪脈：

　　「法身輪者具八幅相，報身輪者具遵筆相六十四葉，大樂輪乾具三十二幅」。

　　這裡所說的「法身輪」，又叫「心輪」，它的八幅相就是八道脈。「報身輪」，又叫「喉輪」，有十六道脈。「化身輪」，即「臍輪」，有六十四道脈。「大樂輪」，即「頂輪」，有三十二道脈，可見，宋代譯出的密教經典裡已經有了無上瑜伽的資料。

　　元代大德至正年間翻譯的《大乘要道密集》中，就比較明確地提出了三道脈，該書卷一說：

　　「言三道脈者：一、中央阿幹都帝脈；二、右畔辣羅捺

脈；三、做畔辣麻捼脈。……言四輪者：一、臍化輪，內
八道脈，外具六十四道脈；二、心間法輪，內具四道脈，
外具八道脈；三、喉中報輪，內具領先道脈，外具十六道
脈；四、頂上大樂輪，內具入道脈，外具三十二道脈，是
名四輪脈道也。」

這一段把中央、右畔、左畔的三道脈與臍、心、喉、
頂的四輪脈相提並論了。

藏密黃教祖師宗喀巴的《密宗道次第廣論》第二十一
卷中所述的脈道，大約可以分為下列三項。

1.脈道的數目及作用：「身脈總有七萬二千，其中主要
有百二十（即四輪脈道），共有要者有二十四，最初要者，
則有三脈（即中脈及左右二脈）。……釋論說脈為風（即
氣息）所乘，為識所依之主要者，心開法輪八脈，喉間受
用輪十六脈，頂上大樂輪有三十二脈及臍間變化輪六十四
脈。其中能為爪等身中二十四界增長安住之因，故說頂等
二十四處諸脈為主。」

2.頂輪三十二脈的區別，「於三十二脈中，除三旋母
等最後五脈（五脈中司視的名三旋母脈，司聽的為欲母脈，
司嗅的為家母脈，悟味的為猛利脈，司微細感覺的為破魔
母脈）與左右中三脈，所餘二十四脈，住頂間等二十四處，
是為身語意脈（此謂人們頭上的二十四脈，分佈在二十四
處，司運動、思想和言語）。三旋母等四脈是四方脈，各分
二脈，故成八脈。次山八脈轉成二十四脈。」

3.三脈的部位，「三脈齊何而在？如《教授穗論》云：

脈謂阿芙都底（即中脈），從頂髻至摩尼（即男子生殖器官的頂部）及足心際，然於頂髻、頂、喉、心、臍、密輪（即會陰）摩尼中央，如其次第有四、三十三、十六、八、六十四、三十二、八支。於蓮花（即女生殖器）及薄伽輪中作脈結形。又云：拉拉那（即右脈）與惹沙那（即左脈）等諸脈，上自頭輪輪及至密處，結如鐵銷，纏繞阿鞭都底而住。」

　　把生理作用提高到重要的地位是後期密宗的特色。後期密宗任為從氣、脈、明點上修煉，先使身體強壯起來，使生理上發生顯著的變化。在健康和壽命方面達到超出常人的程度，以積攢身體素質方面的修行資糧，才能在進步的修行中明心見性。由於藏密傳承的宗派不同，對脈道的說法也有不同。象黃教祖師宗喀巴的《密宗道次第廣論》、白教噶舉派的《甚深內義根本頌》、紅教寧瑪派的《大圓滿禪定休息要門密記》等經典在三脈的起止和相互之間的關係這兩個問題上論述都稍有不同。例如：（白教噶舉派）的重要經典《甚深內義根本頌》在描述三道脈經線路時說：

　　「自密處至頂上輪，此為阿瓦睹帝脈，略言為眾生命脈。彼左右之二脈者，從臍分開腰上勾，將到心間復展開，到肋之後復到喉，由頸復生與頂輪，從此乃達二鼻孔。」

　　這段說明三道脈的流經線路。

　　紅教（寧瑪派）的重要經典《大圓滿禪定休息要門密記》說：

　　「心依於身，身之根本為脈，脈中有氣與明點，是氣

隆欽大圓滿心髓集要

與明點依於脈，脈又於依於身也。……頂上有大樂輪（從髮際向後八指處），形若傘，周個輪齒三十二；心中有法身輪，亦若傘，周個輪齒八；臍中有化身輪，亦若傘倒立，周具輪齒六十四。四輪二俯二仰，在頂、喉、心、臍間，又身中有中脈管，端直若柱，貫穿四輪。此脈管為三：中藍色（原注云：藏名五馬，但又有譯作滾大馬者），右白色（原注云：若馬）左紅色（原注云：蔣馬）。三脈並立，中粗旁細，下起密處，上及頂門，為大樂輪所覆蓋。」

《西藏的瑜伽與神秘教義》一書，又名《七寶藏論》，為英國伊文思博士所翻譯編輯，其中包括七部由藏文譯成英文的藏密本續，以及伊文思等人的研究、解釋和實際體驗。伊文思認為這七部書中的許多東西是從哲學和宗教的價值觀中獨立出來的，共有人類文化學的意義。此書中的第三本書為白教（噶舉派）第二十四祖珀瑪迦爾波喇嘛所著《無上瑜伽六成就法》，伊文思同他的藏密金剛上師卡茲‧達瓦桑都喇嘛一起將此瑜伽六法譯成英文。《無上瑜伽六成就法》詳細描述了中脈及脈輪的特徵。書中是這樣描述中脈的：

「在人體中央有一條中脈，從會陰直達梵穴（即頂門），可以觀想它有五個特徵：甲，像蟲膠溶液那樣紅；乙，相麻油燈那樣亮；丙，像芭蕉心那樣直；丁，像紙卷的筒那樣空；戊，像箭杆那樣粗細，左脈和右脈就在中脈的兩旁，從左右兩鼻孔上行入腦分循中脈兩側下行，至臍下四指處以與中脈會合。此種說法比較細緻、明確。」

密宗論「脈道」

根據以上密宗大師們的論述，中脈的存在是確實的。但這條中脈既不是中樞神經，又不是黃脈，也不是督脈。中脈是上述脈絡系統之外的一個獨立的通道。